歴史文化ライブラリー

514

顔の考古学

異形の精神史

設楽博己

吉川弘文館

目次

歌に詠まれた纒向仮面―プロローグ……1
仮面はさそう／第一の道具、第二の道具／いつまで編年をやるか／考古学の方法と本書

日本最古の妖怪画

アヨアヨ考……10
『出雲国風土記』の鬼のはなし／一つ目墨書土器の絵／どんなものといっしょに出たか

古代の鬼……15
哀切さのただよう鬼／古典文学の鬼／絵画史と民俗学からみた鬼

一つ目墨書土器の考古学的解釈……21
律令祭祀とはなにか／人面墨書土器の役割／一つ目のルーツ／弥生・古墳時代の霊的存在

方相氏と「鬼は外」の起源

方相氏の節分祭……32
吉田神社の追儺式／東京にもある方相氏の節分祭
方相と方相氏の文献と造形……35
文献と造形にみる方相／節分の豆まきの起源／漢代の絵画資料にみる憤怒の形相／歌舞伎の見得のルーツ／漢代の方相氏の俑／鬼と角のルーツと方相氏の役割
盾持人埴輪をめぐって……50
古墳時代の方相氏／盾持人埴輪は方相氏か／方相氏と力士／異形の埴輪
邪馬台国時代の方相氏……59
纒向仮面の謎解き／盾持人埴輪の祖形／石棺に描かれた方相氏／辟邪思想の伝来

黥面考　顔のイレズミの歴史

『魏志』倭人伝と三世紀の黥面絵画……68
イレズミの文化／男子みな大小となく黥面文身す／陳寿の推理／発見された黥面絵画／どんなものがどんな場所から／黥面絵画の奇妙な分布

『古事記』『日本書紀』の黥面と文身……82
『古事記』の黥面／『日本書紀』の黥面と文身／畿内地方の黥面の特徴／目とかかわるイレズミ／東国の文身
人物埴輪の顔の線刻はイレズミか……91
黥面埴輪の二類型／近畿型黥面埴輪／関東型黥面埴輪／記紀と埴輪の比較
イレズミと中華思想……101
黥面埴輪と黥面絵画のつながり／正しかった『魏志』倭人伝／黥面絵画の奇妙な分布の謎解き／日本古代の中華思想
イレズミの遡源と展開……108
イレズミの変化を追う／目を囲む黥面の残存／近畿地方の黥面の復活

縄文土偶の顔

縄文人の通過儀礼……116
日本先住民論争と土偶／土偶風俗論批判／ダブルハの字文と抜歯風習／通過儀礼の役割／豊かな複雑採集狩猟民と縄文社会／イレズミの条数の変化が意味するもの
土偶の誇張表現……126
山形土偶からみみずく土偶へ／ふたたび土偶風俗論批判／櫛と髪の誇張表

現

縄文人はなぜ巨大な耳飾りをつけたのか……132

縄文人と耳飾り／わたしがひろった耳飾り／土製耳飾りつけかえの意味／文様と形のバリエーション／縄文時代不平等説／耳飾りから描く社会

出産土偶の顔……147

土偶の名前／屈折像土偶は座産の姿／出産の表情としぐさ／縄文土偶の性別／縄文土偶の精神／縄文時代の性別分業と土偶

弥生時代の顔の表現

分銅形土製品の笑い顔……162

分銅形土製品とはなにか／長原式土偶の特徴／分銅形土製品の笑いの意味

鳥装と非黥面起源……170

黥面と非黥面／弥生時代の鳥の信仰／頭の飾りが意味するもの／鳥装の戦士／戦争と男子の通過儀礼

土偶形容器にみる男女の表現……185

土偶から土偶形容器へ／通過儀礼と祖先祭祀の継承／弥生時代の再葬／土偶形容器の性別／男女像の成立とその変化／銅鐸絵画の三角頭と丸頭／男と女のパワーバランス

顔壺にさぐる黥面の継承と変容……200
弥生式土器と弥生土器／農耕文化と壺形土器／壺の象徴性と顔壺／再葬墓の顔壺の系譜と役割／西日本の顔壺とその東漸／顔壺にみる黥面の継承と変容／辟邪思想の由来をめぐって

異形の精神史―エピローグ……215
異形へのまなざし／縄文人の顔と精神／土偶を男女像にかえた大陸文化／通過儀礼強化の二つの画期／イレズミ復活の背景／帰属意識の政治的利用／顔からみた弥生時代の四つの特徴／弥生時代の戦争の実態／古代の鬼によせて

あとがき

参考文献

1　歌に詠まれた纒向仮面

歌に詠まれた纒向仮面——プロローグ

仮面はさそう

歌人の猪野富子さんが二〇〇七年（平成一九）十一月、『朝日新聞』の「朝日歌壇」によせた歌である。

ああここが巻向駅だ
　出土せる最古の木製仮面が笑う

JR桜井線の奈良県桜井市巻向駅をおりると、そこはもう纒向《まきむく》遺跡である。十五分も歩けば、三世紀に築かれた日本でいちばん古い前方後円墳、箸墓《はしはか》にいたる。

古代史が好きな猪野さんは、纒向遺跡から最古の木製仮面が出土したという報道を受けて出かけた。うつくしいたたずまいの箸墓古墳も目におさめたことであろう。箸墓古墳をはじめ、行燈山《あんどんやま》古墳(伝崇神《すじん》天皇陵)や渋谷向山《しぶたにむかいやま》古墳(伝景行天皇陵)といった全長二百メートルごえの前方後円墳がひしめく奈良盆地東南の一角はヤマト政権揺籃の地であり、近所の纒向遺跡は邪馬台国《やまたいこく》の本拠地の有力候補の一つとされる。そこから出土した木製の仮面にはいったいどんな役割や意味があったのだろうか。その由来はどこにあるのか。古代史ファンならずとも興味がひかれるに違いない。

纒向遺跡からみつかった仮面は、弥生時代終末、三世紀のものである(図1)。歌と報道には「最古の」とあるが、木製仮面としては最古ということで、土を焼いた仮面はすでに縄文時代にあった。

いずれにしてもこれらは土のなかから掘り出されたものであり、発掘という独自な方法で資料をえて人類の過去を推理するのが考古学である。

第一の道具、第二の道具

縄文時代の土偶など、なんのためにつくられてどのように使われたのかはっきりとしないものが遺跡からしばしば出土する。縄文文化の研究を専門とする小林達雄さんは、土器や矢じりなど生きていくために最低限

図1－1　木製仮面（纒向遺跡出土，桜井市教育委員会所蔵）

日本最古の木製仮面

鬼追いの起源？ 呪術師が着けた？

3世紀前半　奈良・纒向遺跡

奈良県桜井市の纒向遺跡で、木製の仮面（弥生時代末～古墳時代初頭、3世紀前半）＝写真、山本裕之撮影＝が出土し、市教委が26日、発表した。古代の木製仮面としては国内最古で、これまでの例を約400年さかのぼる。同じ場所から木製盾の破片や鎌の柄が見つかり、盾などを手に面をつけて踊る呪術師の姿をほうふつとさせる。古代祭祀の具体像を知る一級資料で、農耕儀礼や鬼追いのルーツという見方が出ている。

宅地造成に伴う発掘で見つかった。3世紀前半ごろの土器とともに、井戸跡（直径1・5㍍、深さ約1・4㍍）に埋もれていた。

仮面はアカガシ製で、縦26㌢、横21・5㌢、厚さ6㍉。未使用の鍬の刃を転用したと見られ、柄を差し込む穴を口に、柄の支え部分を鼻にしていた。三日月形のまゆを線刻し、周りに赤い顔料がわずかに残っていた。裏側が平らで、顔に固定するひもを通した穴もないため、手に持って使った可能性が高いという。

これまで木の仮面は7世紀初めごろの神戸市・宅原遺跡のものが最古だった。土製では縄文時代の土偶に仮面らしいものの出土例がある。

仮面などは10月3日から12月2日まで、桜井市立埋蔵文化財センターで公開される。

纒向遺跡　奈良県桜井市北部にある、弥生時代後期～古墳時代前期の巨大集落跡。邪馬台国の有力候補地とされる。関東～九州地域の土器が多数見つかった「都市」で、建築部材や農具などの木製品も大量に出土している。纒向石塚古墳（3世紀前半ごろ）や、卑弥呼の墓との伝承もある箸墓（はしはか）古墳（3世紀半ば～後半）など最古級の古墳が点在している。

図1－2　木製仮面出土を報じる新聞記事（2007年９月27日付『朝日新聞』より）

必要な道具のことを第一の道具と呼び、土偶のように別になくとも生存そのものはおびやかされない道具を第二の道具と呼んだ。

考古学が得意とするのは、土器を分類して変化の順をあきらかにし、年表がわりとする編年の研究や、石器のかたちと使用した痕跡から斧や矢じりとして使いましたという実用品の用途の研究である。鹿の角《つの》でつくった縄文時代の釣り針など、現代のものとくらべてあまり違いのないことからすれば第一の道具の用途の推定は比較的楽であるし、真実に近いこたえが導き出せる。

第二の道具はそう簡単ではない。土偶はなぜ大流行したのか説明しなさいといっても、たいていの人はこたえられない。仮面にしてもそうである。なんらかの信仰、精神的な営みの必要からつくられたことまではわかるが、そこどまり。第一の道具にくらべると用途に近づくためのハードルははるかに高い。

いつまで編年をやるか

明治時代に土偶から服飾やイレズミなど、先住民の装いや習慣を描こうという試みがなされた。昭和に入ってから科学的な根拠にもとづいてその取り組みかたが批判されていつしか消えてゆき、それにかわって大流行したのが土器の編年研究である。

ところが土器のこまかな分類や微に入り細を穿《うが》つ議論にうんざりした在野の考古学者藤森栄一さんが、「いつまで編年をやるか」といって、もっと人間の文化に踏み込む勇気をもてとうったえた。この問いかけに対して先史考古学の佐原真《さはらまこと》さんが、「考古学の続く限り」とこたえたのは有名な話である。考古学の基礎をおろそかにしているようで、がまんならなかったのであろう（図2）。

多くの考古学者は、第二の道具が食料の獲得や生産などの行為を裏でささえる重要な道具であることを認識しながらも、結論の確実性を保証するのがむずかしいその研究を進んでやりたがらない。

図2　佐原　真（1932〜2002，春成秀爾提供）

しかし、佐原さんも土器のこまかな研究にこだわる一方で、土器や銅鐸に描かれた絵画を考古学的な角度から分析して、弥生時代の農耕儀礼にせまったように、第二の道具という先史古代の人々のこころを推測することが期待できる魅力的な素材を放っておく手はない。重要なのはそのアプローチの方法だろう。

考古学の方法と本書

本書は、縄文・弥生時代の土偶《どぐう》や仮面、弥生時代の顔のついた土器、古墳時代の人物埴輪《はにわ》、古代の人面墨書《ぼくしょ》土器など第二の道具を手がかりにして、イレズミや歌に詠まれた笑い、怒りといった表情、あるいは耳飾りや髪形といった顔と関係の深いものを含めて顔に焦点をあてながら、先史・古代人がそれぞれの時代にいったいどんなメッセージをそこに込めていたのかあきらかにしていきたい。そしてそのうつろいのなかに、古人《いにしえびと》の顔に対する意識の変化とその社会的な背景をさぐることを目的とする。

アルプスの山中でたまたまみつかった先史時代人、〝アイスマン〟は氷河に守られて皮膚が残っていたためにイレズミを入れていたことがわかった。南シベリアのパジリク古墳群という先史遺跡から出土した遺体は永久凍土に保護されたことにより、全身にイレズミをしていることが判明した。このようなイレズミをした皮膚が残る先史時代の遺体は日本では発掘されていないので、出土資料から直接導き出せることには限界がある。その場合には、文献や民族誌の手助けを借りながら書き進めることにするが、基本になるのは考古学的な検討である。

先史・古代の遺物はいずれも特定の〝型式〟に属していて、その共通性は地域的な広がりをもつ。遺物は個人が生み出したものであるが、社会の規範によってそれが広まり一定の〝型〟が地域のなかで共有されていったからである。この点を踏まえて遺物――考古資料――を分析することは、当時の社会のありかたを考えることにつながる。

本書では型式分類や編年といった考古学がつちかってきた基礎研究をおろそかにせずに、できるだけ多くの顔資料をかきあつめて証拠にもとづき空論をさけながらそれらのもつ意味や変化の背景を分析していきたい。その際には、資料がどのような場所から出土したのか、あるいはどのような遺物といっしょに出土したのかという考古学的なコンテクスト（状況、脈絡、背景）の読み解きが鍵となる。

巻向駅から奈良の纒向遺跡は近いのだろう。第一首はそこで木製の笑顔の仮面の写真などを見たのだろうか。古い地面と仮面が一つの場面をなしている。

選評は古典文学研究者で歌人の馬場あき子さんによる。猪野さんの歌はみごと第一首に選ばれたが、馬場さんは仮面と古代の心象風景のコンテクストを歌のなかに感じとられたのであろう。

日本最古の妖怪画

アヨアヨ考

『出雲国風土記』の鬼のはなし

さっそく本題に入るが、まず本書で扱うなかではもっとも時期のあたらしい律令期の遺物を取りあげて順次時代をさかのぼっていくことにする。弥生時代終末、三世紀の邪馬台国《やまたいこく》時代までできたら一気に縄文時代に飛んでから今度は弥生時代へとおりてくることにしよう。

奈良時代の天平五年（七三三）にできあがったとされる『出雲国風土記《いずものくにふどき》』に、鬼が人を食べる話がある。

郡家東南一三里八十歩。古老伝云、昔或人、此処山田佃而守之。爾時、目一鬼来而食

佃人之男。爾時、男之父母、竹原中隠而居之。時、竹葉動之。爾時、所食男云動々。故云阿欲。〔神亀三年、改字阿用。〕

大原郡の役所から東南に十三里八十歩いったところ住む古老がいうには、むかしある人がこのあたりの山や田を守っていたが、あるとき一つ目の鬼がやってきてこの男を食べようとした。男の両親は竹やぶに身を隠して難を逃れようとしたが、竹の葉が動いてしまい鬼に感づかれそうになる。男は食べられながらも「動々（あよ、あよ）」という言葉を放った。そこでこのあたりを阿欲《あよ》という。（神亀三年〈七二六〉に字を阿用と改めた）

この説話は『出雲国風土記』の大原郡の条にある阿用郷《あよごう》でのできごとであり、阿用という地名の起こりを説いたものである。大原郡は現在の島根県雲南市大東町であり、島根半島の南に位置する。

この説話は日本でもっとも古い鬼の記述であるとともに、一つ目である点が注目されてきた。

神奈川県茅ケ崎市下寺尾官衙《かんが》遺跡群は、平安時代初期、九世紀の役所の遺跡であるが、寺院があった七堂伽藍《がらん》跡から一つ目の生き物を墨で描いた土器が出土した。

一つ目墨書土器の絵

この土器を一つ目墨書《ぼくしょ》土器と呼んでおくが、高さ十三・五センチの甕《かめ》形をした煮炊き用の器である。絵は器の正面に大きく描かれている（図3）。まるい顔の輪郭を描き、そのなかに一つ目と口を描く。頭の両側からカーブをなして上にのびた二本の線は角《つの》の表現であろう。

両腕はほぼ水平にのばす。真ん中でわずかに曲げているのは肘を表現しているのだろう。左手は三本の指を表現しているようだが、指先がかぎ爪のようにあらわされているのがとくに印象的である。右手はやはり三本の指を表現しているようである。脚はわずかに折れた膝と先端に足を表現したかぼそい線であり、顔や頭にくらべて華奢《きゃしゃ》である。

怪異な姿に憑依《ひょうい》した霊的な存在を〝妖怪〟とする定義にしたがえば、まさしくこの絵は妖怪画である。それは『出雲国風土記』の記述を思い起こさせる、鬼の絵といってよい。

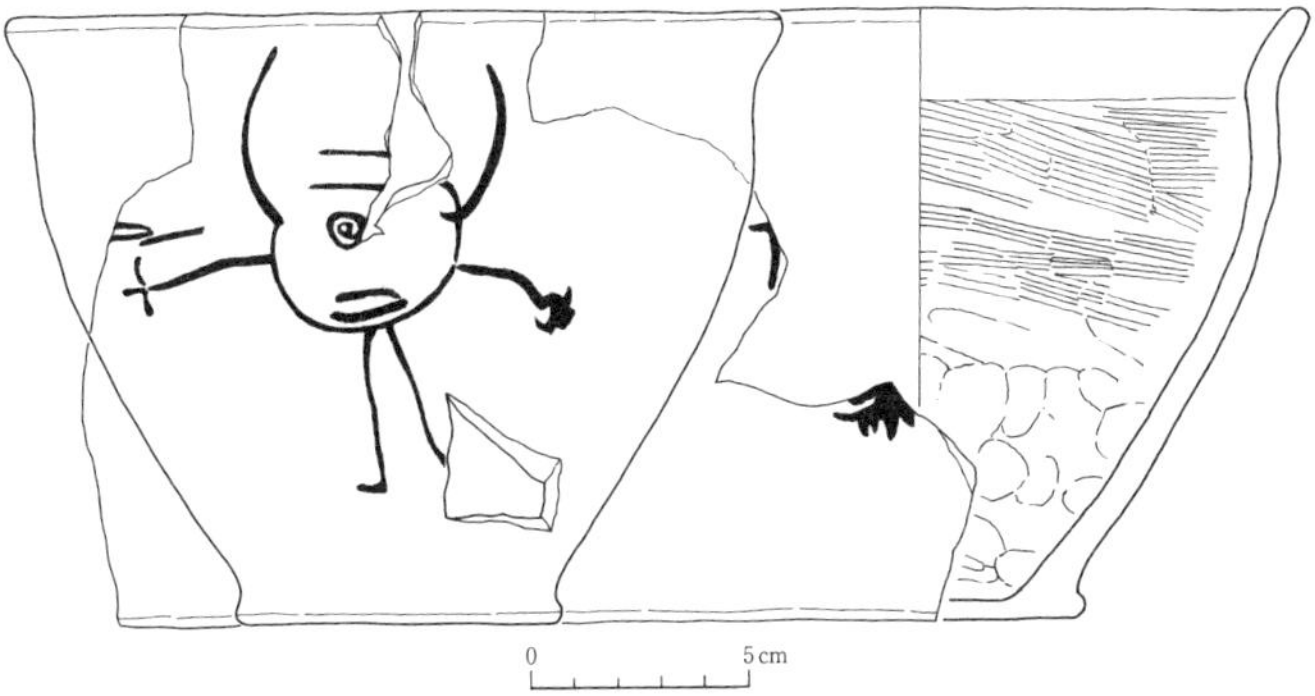

図3　一つ目墨書土器（下寺尾官衙遺跡七堂伽藍跡出土，筆者作成）

どんなものといっしょに出たか

一つ目墨書土器は現在の小出川のむかしの流路であるH1号河道跡から出土した。

この遺構からは、土師器《はじき》や須恵器《すえき》がたくさん出土したが、これらの遺物の時期は平安時代初期の九世紀を中心としている。そのほかに、墨で漢字を書いた墨書土器や神にそなえた木切れの斎串《いぐし》などの木製品、絵馬、このころ日本でつくられた皇朝十二銭の一つ隆平永宝《りゅうへいえいほう》、仏前供養の仏鉢《ぶっぱつ》のようなかたちをした須恵器など祭祀にかかわる遺物が出土しており、墨で顔を描いた人面墨書土器も出土した。

以上のことから、一つ目墨書土器は九世紀の律令《りつりょう》期に属し、河川でおこなわれた律令祭祀にかかわる性格をもつことがわかる。したがって、律令祭祀の内容と一つ目墨書土器とのかかわりが問題になるが、それは古典文学などにおける鬼の理解をひとわたり述べたあとで触れることにしたい。

古代の鬼

哀切さのただよう鬼

先ほど紹介した『出雲国風土記』の鬼の説話では、父母の隠れた竹の葉がそよいでしまい、その動く音の擬音――「あよあよ」――という悲鳴を発して男は落命したのである。

「あよあよ」という擬音は、『出雲国風土記』をのせた『日本古典文学大系』で「竹の葉が動けり」の「動」を「あよ」と読んだことによるが、「しまった、父母の居場所がわかってしまう」として発せられたとっさの悲嘆の言葉であったのか、自分に注意を引かせて父母をみつけられまいとする必死の声であったのか、いずれにしても切迫した恐ろしいなかにも哀切さがただよう。

この哀切さは、当時の鬼の概念や姿のうつりかわりを考えるうえで重要である。
平安時代中期、三十六歌仙の一人である凡河内躬恒《おうしこうちのみつね》の家集『躬恒集』にある歌、

師走のつごもりのよるの鬼を
鬼すらも都の内と蓑笠《みのかさ》をぬぎてや今宵《こよい》人にみゆらん

は、朝倉山の上から鬼が笠を着て斉明天皇のもがりの儀式をみていたという『日本書紀』の「斉明紀」の記事にもとづいた歌である。名著『鬼の研究』のなかで馬場あき子さんは、つごもりの夜に魂まつりの行事を親愛の情をもってそっとみおろしている鬼に、本来的な祭祀や神性の残存をみいだして、このころまでの初期的な鬼は平安末～鎌倉初期以降の六道絵のような後年の追儺《ついな》の鬼とは異なる人間的ななつかしさの情がにじむ存在だとみなした。

古典文学の鬼

七世紀後半～八世紀後半にできた『万葉集』で鬼は「もの」と詠まれており、超自然的なおそろしい存在で、本来は姿をみせないものであった。民俗学の折口信夫《おりくちしのぶ》さんは、よるべない魂が「もの」であると論じていたが、馬場さんは

「もの」を〝あしきもの〟〝もののけ〟とする江戸時代の考証学者、掖斎狩谷望之《えきさいかりやもちゆき》の理解にもとづいて、鬼は古くは目にみえず手にも触れえないよろずのまがまがしき諸現象の源であると解説した。草木などを含む自然的な現象すべてにわたる〝怪〟ということであろう。

このころの文学では、鬼を〝しこ〟すなわち醜《みにく》いものとする場合もあり、『出雲国風土記』の記述はその線に沿った早い例である。養老四年（七二〇）に完成したとされる『日本書紀』の「景行紀」に鬼は〝邪神〟としてあらわれ、また「欽明紀」では〝粛慎人《みしはせのひと》〟という異邦人に対して「鬼魅《おに》」と、やはり邪神的な表現をしている。

これら早期の古典文学における鬼の特徴を整理した馬場さんは、以下の六つが鬼の特徴であるとした。

① 異形（醜《しこ》なるもの、体の部分の損なわれたもの）。
② 〈もの〉とされた形をなさぬ感覚的な存在や力。
③ 神と対をなす力をもつもの。
④ 蝦夷《えみし》や粛慎人など辺土異邦の人。
⑤ 笠に隠れてみるもの。
⑥ 死の国へ導くもの。

図4　三本指の鬼（『百鬼夜行絵巻』より，国立歴史民俗博物館所蔵）

一つ目墨書土器の絵は、まさに①であり、②を姿絵として表現したものといってよい。人を食べるのは⑥に相当する。また、どこかユーモラスでかなしい姿は、六道絵以前の⑤に通じるものがある。

平安時代の『日本霊《りょう》異《い》記《き》』や『伊勢物語』、あるいは『今昔物語集』『宇治拾遺物語』など、九〜十三世紀に成立したとされる古典文学に鬼の記述がしばしば登場する。『今昔物語集』では人を食べるのが鬼の特性であり、一つ目や角の生えた鬼が出てくる（巻十六―第三十二話）。さらに、手の指が三つで爪は五寸ほどで刀のようだ（巻二十七―第十三話）というあたりは、一つ目墨書土器絵画の特徴そのものといってよい。

一つ目墨書土器よりもあたらしいこれら古典文学の鬼の描写は、平安時代初期までに形成されていた古い鬼のイメージが六道絵の全盛をむかえるころになっても引きつがれていたことを示す。かぎ状の爪をした三本指の表現は、土佐光信によると伝えられる室町時代の有名な『百鬼夜行絵巻』にも受けつがれている（図4）。

絵画史と民俗学からみた鬼

これまで一般的にいわれてきたのは、現存する最古の鬼の絵、つまり妖怪画の原点は『地獄草紙』などの「地獄図」や「六道図」といった平安時代末期～鎌倉初期以降の作品であり、それらは地獄で咎人《とがにん》を釜茹《かまゆ》でにしたり、舌を引っこ抜いたりする六道世界の鬼として描かれているということであった。しかし、一つ目墨書土器によってそれが九世紀にさかのぼったのであり、絵画史の通説はあらためなくてはならない。

民俗学で一つ目をはじめて問題にしたのは、民俗学の創始者柳《やなぎ》田國男《たくにお》さんである。柳田さんは「一つ目小僧その他」のなかで、大昔に祭りのたびごとに神主を殺す風習があり、逃げてもすぐに捕まえられるように常人と区別しておくため片目だけ傷つけ片足を折っておいたことが、一つ目の妖怪の発端だと論じた。これを批判した民俗学の谷川健一さんは、

日本最古の妖怪画　20

一眼一脚の神の起源を銅や鉄などの精錬にたずさわる職業病に由来すると説いた。

考古学からは、一つ目墨書土器にどのようにアプローチすることができるだろうか。

一つ目墨書土器の考古学的解釈

律令祭祀とはなにか

藤原京や平城京などを発掘すると、まじないにかかわるさまざまな道具――祭祀遺物――が大量に出土することがある。その品目は、人形《ひとがた》、鳥形、舟形などの木製模造品、斎串、人面墨書土器、土馬、竈《かまど》などの土製模造品、鏡、銅碗、皇朝銭、鉄地金銅貼人形などの青銅や金銅製品であり、とくに京内の大路の側溝から出土する場合が多い。たとえば平城京左京八条三坊九坪の東堀川の川跡では、わずか数十平米の発掘範囲から出てきた祭祀遺物は、土馬一二三、人面墨書土器五六、人形二、斎串四、青銅鈴一、模型竈という多量さであった。

斎串は悪気を遮断して、人形がおった罪穢を外部にもらさない役割をしたとされる。土馬や鳥形、舟形は鬼神――疫病神の乗り物であり、壊された状態で出土することからそれらを使えないようにしたものと考えられている。あるいはそれらをのせて川に流し去ることを目的としていたのかもしれない。両目と胸に木の釘が打ちつけられた呪いの人形が出土した遺跡もある。

奈良時代後半から平安時代初頭の律令的祭祀のなかでもとりわけ重要なのが大祓《おおはらい》である。大祓は毎年六月と十二月の晦日に、天皇の災厄を除き百官が犯したさまざまな罪を祓《はら》い清めることにある。また、平安時代の律令の細目を記した『延喜式』によると、外国からの使節が京に入る際に厳重な祭式をおこなうことにより厄神《やくじん》の入京を未然に防いだ。平城京の東堀川などは祓所《はらえど》だったのだろう。

人形をはじめとするさまざまな呪具を用いる祭祀は日本固有の祭祀にはみられないので、天武・持統朝に中国の隋唐文化を加えながら再編成したものとされている。大陸からもたらされた疫病が人口の密集した都市で蔓延するなど、災いごとが頻発する不安な世の中になっていたのであろう。

これらの呪具のなかに人面墨書土器があるが、グルグル回る目やひげぼうぼうのむさい顔、ニタニタ笑った顔など異様な顔が目立つ（図5）。人面墨書土器は中国など大陸にないので、邪を払う思想の流入を受けて日本列島で独自につくられた代物であった。一つ目墨書土器は、その時期や出土状況などから広義の人面墨書土器に含まれる。したがって、人面墨書土器の役割をあきらかにすれば、一つ目墨書土器の役割もおのずとあきらかになってくる。

人面墨書土器の役割

人面墨書土器は川の跡から出土することが多い。『延喜式』や年中公事を記した『東宮年中行事』には、土器の口に紙を貼ってそれを突き刺して穴をあけて息を吹き込み川に流す祭祀が記されている。江戸時代にもおなじような史料が残されている。『呪詛重宝記《じゅそちょうほうき》』によると、干支《えと》に応じた数のかわらけを川に流してその数の餓鬼を追い払う。律令期の人面墨書土器を用いた呪術は道教系の疫病神除けの古式呪術であり、人面墨書土器の役割は、罪やけがれを小壺に封じ込めて祓い去ることであった。

祭祀考古学を専門にしていた水野正好さんは、そうした理解に加えて、正倉院に伝わる布作面《ふさくめん》という麻布に描かれた顔と比較してユニークな考えを示した。

図5　人面墨書土器と土馬（長岡京東南境界祭祀遺跡出土，京都市所蔵）

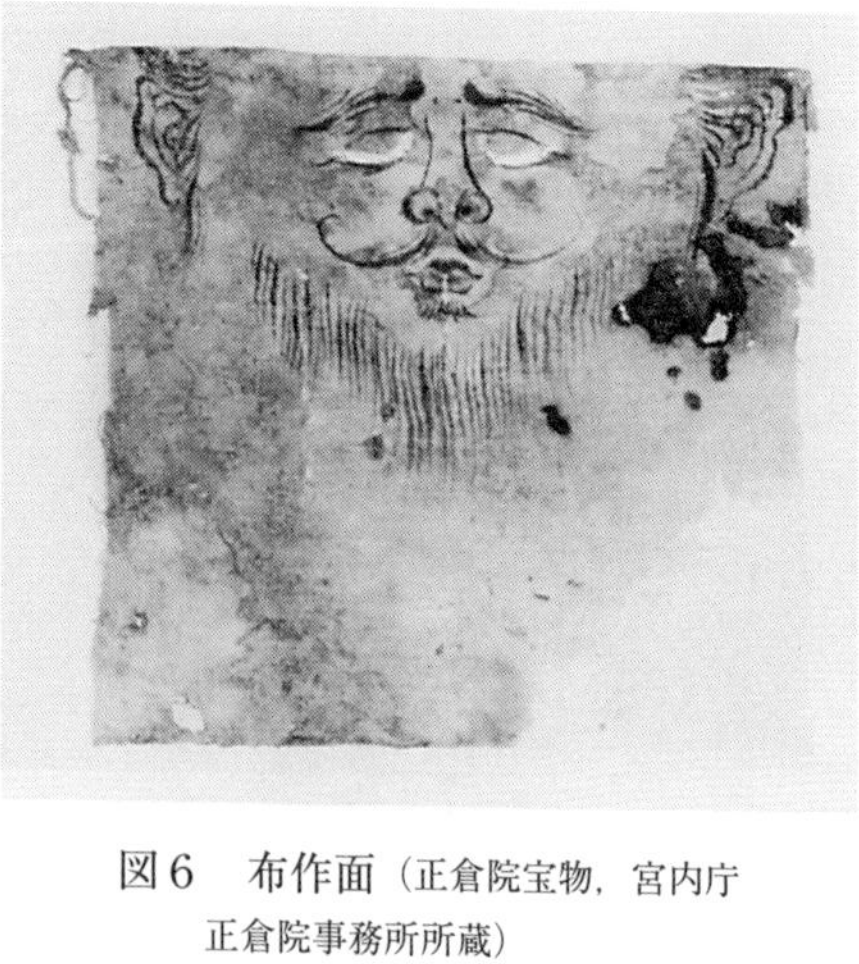

図6　布作面（正倉院宝物，宮内庁正倉院事務所所蔵）

布作面の顔は胡人、要するにペルシャなど西域からやってきた異邦人であり、人面墨書土器の顔ともどもひげ面のこわもての男性であり、〝むさい〟〝汚らわしい〟〝いかめしい〟〝こわい〟といった特徴をもつ（図6）。したがって、人面墨書土器は他国から襲い来る胡《えびす》、疫病神、餓鬼《がき》などの鬼神面に病を背負わせて流すことを目的としていたというのである。

人面墨書土器の顔は厄神ではなく国神《くにつかみ》であり、いっしょに出土する土師器などの食膳具は国神をもてなすためのものだという意見もあるが、鬼、すなわち厄神を描いたことのあきらかな一つ目墨書土器からすれば水野さんの説でもよいのだろう。それは古典文学の解釈と合致する。

一つ目のルーツ

それでは、考古学的には一つ目なり鬼のルーツをどこに求めればよいのだろうか。この点を本書の主題である〝異形《いぎょう》〟という視点からみていくことにしよう。

日本の「鬼」の源流を理解するうえで、「方相氏《ほうそうし》」あるいは「方相」は欠かすことができない。方相氏とはあまり耳にすることがないかもしれないが、節分の豆まきで鬼を退治する役を演じる一種の呪術師であり、紀元前五世紀の戦国時代以前に中国で生まれた。中

図7　方相氏が描かれた画像石
（中国・山東省武梁祠出土）

国では方相氏というが、律令期の日本では方相と呼ばれた。方相氏については次の章でくわしく述べるので、ここではかんたんにふれておくことにする。

中国の戦国時代〜漢代に編さんされた制度や儀礼を記す『周礼《しゅらい》』や『漢旧儀』に方相氏がみえる。日本に入ってきたのは律令期とされているが、六世紀半ばに渡来していた可能性があるとされている。八世紀の基本法令『養老令』や最古の勅撰儀式書である九世紀の『内裏式《だいりしき》』に方相のくわしい記述がある。

これら内外の文献によれば、方相氏あるいは方相が活躍するのはおもに節季の追儺すなわち〝おにやらい〟である。方相氏が立ち向かうのは死者を食べる魍魎《もうりょう》や疾鬼や小鬼である。山東省の武梁祠にある漢代の墓の壁を飾る画像石《がぞうせき》には人をつかんで食べようとする巨人に立ち向かう方相氏が描かれているが、方相氏はこの絵のように人間ばなれした獣のような姿や頭に武器をのせたり突起のようにかさあげするなど頭部を異様にした姿で描かれることが多い（図7）。

人を食べる点と頭の異様な装飾は、『出雲国風土記』のアヨアヨや一つ目墨書土器の角《つの》をはやした一つ目と共通する。また、方相氏の役割が節季の追儺であるのは、日本の律令祭祀の基本である。したがって、日本の「鬼」の源流と「一つ目」を生み出す土壌の源流は、中国漢代に求めることができよう。

弥生・古墳時代の霊的存在

律令期の前は古墳時代であり弥生時代である。弥生時代には紀元前から漢帝国とさまざまな交渉をおこなっていた。ならば、鬼の伝来あるいは一つ目墨書土器のような倒すべき邪悪なものの表現は、律令期からさらにさかのぼるのだろうか。

六世紀の古墳時代には、獅咬環頭大刀《しがみかんとうたち》という牙をむきだしてなにかをくわえた獅子のような面を柄の先につけた大刀がある。中国から伝わった鬼の装飾であり、鬼の伝来は遅くとも六世紀にさかのぼる。しかし、これは邪悪なものを退散させようという〝辟邪《へきじゃ》〟の表

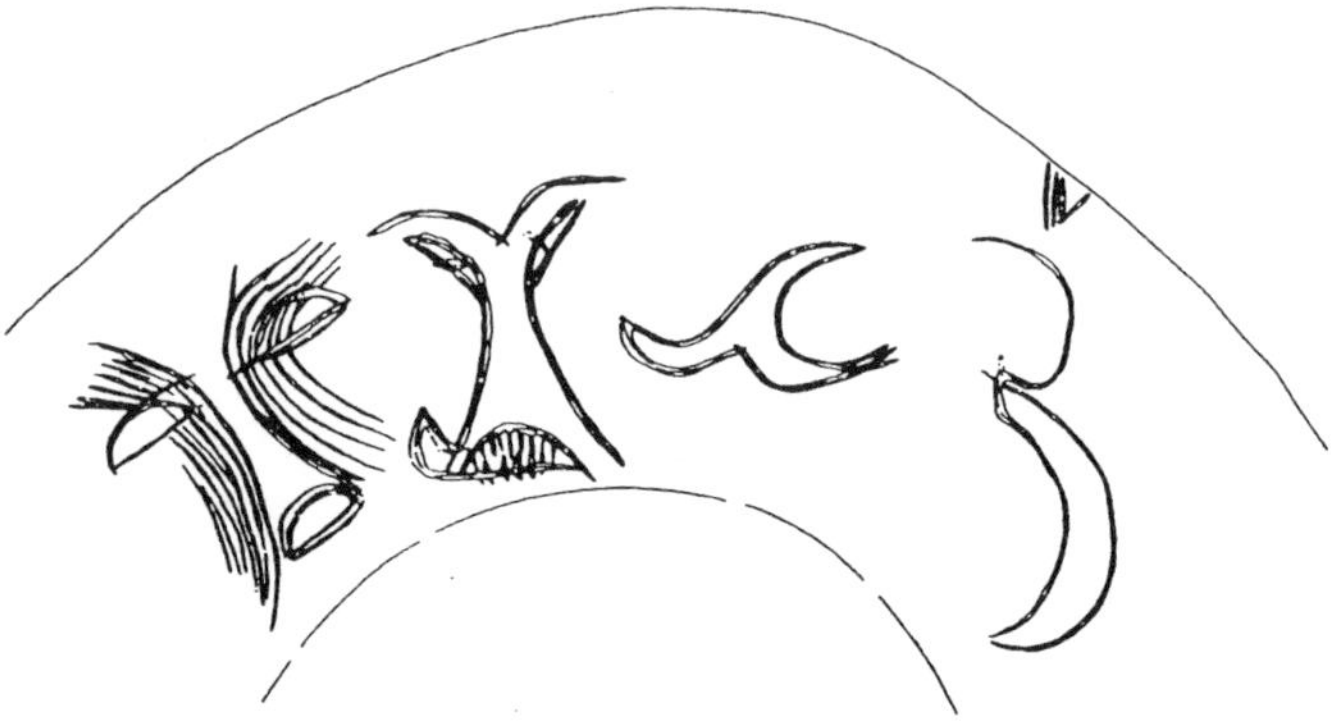

図８　弥生時代の土器に描かれた絵画（上東遺跡出土，左からイレズミのある顔，猪，竜，鹿か鳥）

現であり、倒すべき対象ではない。

第三章「黥面考」と第五章「弥生時代の顔の表現」でみるように、弥生時代の土器や銅鐸には武器をもつ人物やイレズミをしたこわい顔の絵が描かれるが、対峙しているのは鹿であり猪である（図８）。

漢代の方相氏には魍魎という立ち向かうべき相手がいるが、弥生時代や古墳時代の表現は、その相手をさがすのがむずかしい。鹿や猪は田に入って悪さをするくらいのものだ。つまり、弥生・古墳時代に邪悪なものはせいぜい動物を霊的な存在として表現したにすぎないのであり、これは古代的な邪悪な存在や神霊は目にみえないという文学の通説と合致する。

古代の鬼の特徴の一つに哀切さがあり、一つ目墨書土器にもそれを感じとることができた。目にみえないこととともに、六道絵とは違う鬼の切なさやユーモラスな性格は弥生・古墳時代以来つちかわれてきたのかもしれない。次の章では方相氏をもっと掘り下げることによって、古墳時代そして邪馬台国時代の顔の表現の性格にせまることにしよう。

方相氏と「鬼は外」の起源

方相氏の節分祭

吉田神社の追儺式

京都大学の裏にある吉田神社では、毎年節分祭の前日二月二日に参道に数百の露店が出る。参道は人であふれかえり進むことすらできないほどだ。やっとたどりついた神社の階段をのぼりきると、境内の舞殿を取り巻くようにいく重にも人垣ができていた。

夜のとばりがおりるころ、登場した赤・青・黄色の鬼が人垣に向かい金棒を振りあげておどしはじめると、キャーキャーという声があちこちから聞こえる。そこに忽然《こつぜん》とあらわれるのが、方相氏《ほうそうし》である。

方相氏のいでたちは以下のような奇妙なものである。赤と黒の衣装をまとい、右手に矛

図９　吉田神社追儺式の方相氏（共同通信社提供）

を左手に盾をもつ。もともと身長の高い男性が扮しているが、高下駄をはいているので二メートルはこえているだろう。なによりも不思議なのは、かぶっている金色の四つ目の仮面だ（図9）。

桃色の衣装を着たお稚児さんをしたがえて、方相氏は大声をあげて矛で盾を打ち鳴らし、鬼どもを追いながら舞殿のまわりをグルグルと三周する。降参した鬼が去っていったあと、神職の方々がおもちゃの弓で逃げていった方角に矢を放って儀式は終了する。

社務所では破魔矢やお札が販売されていたが、わたしは土でつくった素朴な四つ目仮面の人形を買い求めた。

東京にもある方相氏の節分祭

方相氏が主役を演じる儀式は、東京でも二月三日の節分祭でおこなわれている。わたしが出かけたのは、上野の不忍池のほとりにある五條天神社と亀戸天満宮の二つだけだが、ほかでもやっているだろう。

観客の後方からあらわれた鬼がひとしきりあばれてから、社殿の前にしつらえた舞台へあがり、方相氏にいためつけられる。そのあとに恒例の豆まきとなるが、小分け袋にいろいろなお菓子が入っていて、投げるたびにひとびとのあたまが右へ左へと揺れていた。

鬼にとってはたいへんな災難の日だが、この儀式のストーリーや衣装は勝手な想像でつくられたものではない。方相氏にかかわる文献史料と造形品の歴史をたどってみることにしよう。焦点は、本書のテーマである異形《いぎょう》と仮面である。

方相と方相氏の文献と造形

文献と造形にみる方相

鎌倉時代の『上宮太子拾遺記』には、推古《すいこ》天皇条元年に仏舎利を運ぶのに方相が車に乗って登場するという記述がある。『日本書紀』でこれに相当する個所に方相の文言はないので、養老二年（七一八）に成立したとされる基本法典『養老律令』の喪葬令に、「方相轜車各一」とあるのが日本でもっとも古い方相の史料とされている。葬送儀礼には方相一人と車を一台用いるといった簡単な記述だが、平安時代の『内裏式《だいりしき》』には、よりくわしく書かれている。

方相一人。取大舎人長大者。為之。着仮面黄金四目。玄衣朱裳。右執戈。左執楯。

（中略）方相先作儺声。即以戈撃楯。如此三遍。

方相は大男で、黄金の四つ目仮面をつけ、黒と朱の着物を着て、右手に戈《か》を左手に盾をもち、やらいの声をあげながら先導して戈で盾を打つことを三回おこなう。

吉田神社などの節分祭は、平安時代の儀式を手本にしたことがわかる。戈とは鎌のようなかたちの武器である。ちなみに吉田神社をはじめとする各地の方相氏を主役にした追儺《ついな》式は、日本風俗史の研究者であった江馬《えま》務《つとむ》さんによって大正年間に復興された。

おなじ平安時代の法律や政務を記した『政事要略』のなかに方相の絵があり、右に述べた姿の方相が赤いふんどしをしめた鬼を追い払っている（図10）。ところが亀戸天満宮に伝わる江戸時代の『東宰府宮年中行事』には、巫《かんなぎ》の前に四つ目で角をはやした鬼がひれ伏している構図へと変化しており、書物の注釈から方相＝鬼とみなされるようになっていたことがわかる（図11）。室町時代あたりで方相は鬼と混同されて追われるものへと転化したとされるが、一つ目墨書土器の鬼が本来方相氏の頭の表現であった角《つの》をはやしているのは、その混同が九世紀にさかのぼることを示しているのかもしれない。この転換がもつ

図10　方相氏と鬼（『政治要略』より）

図11　巫と方相氏（『東宰府宮年中行事』より）

意味については、本書の最後であらためて考えたい。

日本の方相の資料としては、ほかに法隆寺に伝わる乾闥婆面《けんだつば》が知られている（図12）。乾闥婆は仏法を守護する八部衆の一人であり、興福寺の阿修羅像で有名な阿修羅も八部衆の一人である。法隆寺の乾闥婆面は八世紀につくられた。牙をむきだしにした動物をヘルメットのようにして頭にかぶった人物の面だが、この人物自体も四つ目なので、つごう六つの目がついていることになる。のちに述べるように方相氏の造形は漢代にさかのぼるので乾闥婆面はもっと後の時代の資料だが、かぶった虎の頭のついたヘルメットは四つ目仮面の古相——起源がどこにあるのかを暗示している。

図12　乾闥婆面（法隆寺所蔵）

このあたりの日本の方相については、先史考古学の春成秀爾《はるなりひでじ》さんの書物が参考になる。

節分の豆まきの起源

すでに述べたように、方相は中国の方相氏に由来する。方相氏の歴史や造形については、美術史の小林太市郎さんがくわしく論じているので、それを参照しながらまとめておくことにしよう。

中国の方相氏の文献でもっとも古いのは、『周礼《しゅらい》』である。『周礼』は周の制度を記した書物でおそくとも秦代あるいは前漢代にできたとされる。紀元前三〜前一世紀だから、日本でいえば弥生時代中期に相当する。

方相氏掌。蒙熊皮。黄金四目。玄衣朱裳。執戈揚盾。帥百隷。而時難。以索室敺疾。大喪先置。及墓入壙。以戈撃四隅。敺方良。

方相氏は熊の毛皮をまとい、黄金の四つ目仮面をかぶっている。身に着けた衣服は朱と黒である。手には戈と盾をもち、たくさんの付き人をしたがえている。ときにやらいの声をあげて、宮室のなかで疾鬼がいないか探る。葬列の先頭に立って墓のなかに入り、戈で四隅を打ち払い、方良《ほうりょう》を退治する。

先に紹介した『内裏式』とよく似ているが、『内裏式』が『周礼』などの中国の制度に範を求めたことはいうまでもない。『内裏式』にはないが、方相氏は熊の皮をかぶり、たくさんの付き人をしたがえて宮室や墓のなかで戈と盾で方良を撃退すると記されている。方良とは山や川の怪である魑魅魍魎《ちみもうりょう》の魑魅とされる。魍魎は人を食べる。

後漢の書物、『漢旧儀』には次のような記述がある。

一居人宮室区隅。善驚人。為小鬼。於是以歳十二月。使方相氏蒙虎皮。黄金四目。

宮室の隅に一人でいると、小鬼がよく人を驚かせ悪さをする。十二月には方相氏が虎の皮をかぶって黄金四つ目。

これも『漢旧儀』であるが、

玄衣丹裳。執戈持盾。帥百隷及童子。而時難。以索室中而敺疾鬼也。
方相帥百隷及童女。以桃弧棘矢土鼓。鼓且射之。以赤丸五穀播灑。

黒と赤の衣装を着て、手には戈と盾をもち、多数の付き人や童をしたがえて、ときにやらいの声をあげ、宮室のなかの疾鬼を探し出して追い払う。方相氏はたくさんの付き人と童女をしたがえて、桃の木でつくった弓といらくさの矢で土製の鼓を射る。さらに赤い豆や五穀をまく。

とある。小鬼は小児にとりつく鬼であるとされる。戦国末の『呂氏春秋』によると、四季の変わり目である節が遂疾すなわち病魔退散にとって重要な時期である。十二月の大儺《おおやらい》に方相氏が童女をしたがえて、桃の弓でいらくさの矢を放ちながら赤丸五穀をまいて鬼を払うなど、節分の豆まきの起源はここに求められよう。子どもの無病息災を願う豆まきをはじめとする日本の節分祭が、漢の書物を参照していることがよくわかる。

漢代の絵画資料にみる憤怒の形相

中国の文献にみられる方相氏を紹介してきたが、その異形の姿は、漢代のさまざまな絵画や立体的な造形品にみることができる。まずは絵画資料から検討していこう。

先にみた山東省の画像石《がぞうせき》（図7）は、あきらかに熊の姿をした方相氏が、手だけでなく足にも頭にも武器をつけて巨人に立ち向かうさまを描く。巨人は人を食っているので、方良であろう。注目したいのは方相氏の頭に武器である弩《ど》がとりつけられている点である。頭に弩をのせた表現は、おなじく山東省の遺跡から出土した画像石に描かれた、左右の手に武器をもち、脚を踏ん張った方相氏にもみることができる。歯をむき出しており、この異形の表現はあきらかに敵を威嚇《いかく》して打ち倒す憤怒《ふんぬ》の形相とみてよい（図13）。

画像石に好んで描かれたのは、神仙世界である。神仙思想は、古代中国で生まれた不老長寿の仙人にまつわる思想であり、はるか西方の崑崙山《こんろんさん》などに仙人が住み、人間も努力すれば神仙界にて暮らせるという、前漢代に広まった思想である。

神仙界には西王母《せいおうぼ》と東王父《とうおうふ》がいて、さまざまな動物たちが仕えているが、成都近郊から出土した画像石は、その様子をコンパクトにあらわした傑作品である（図14）。真ん中にひときわ大きく描いたのが龍にのった西王母であり、右下のひざまずく二人が神仙界をおとずれた死者である。三本足の烏《からす》は太陽の住人で、霊芝《れいし》をさしだす兎と片足をあげた蝦《が》蟇《ま》はいずれも月の住人である。九尾の狐など、どれもみな日本人になじみが深い。左下に立っているのが方相氏である。脚は細くてたよりなさそうだが、手に戟《げき》という鎌のような武器をもっている。頭の二股にわかれた鯨の噴水のような表現は弩であろうか。

図13　頭に弩をのせた方相氏が描かれた画像石（中国・山東省出土）

図14　神仙界が描かれた画像石（中国・成都近郊出土）

図15　一角獣を威嚇する方相氏が描かれた画像石

歌舞伎の見得のルーツ

漢代の画像石には、熊に扮した方相氏が一角の犀牛《さいぎゅう》や龍などを威嚇し操るような場面を描いたモチーフが多い（図15）。方相氏は片方の腕を曲げ、片方の腕を前に出して一角獣の角をつかむが、そのとき脚を踏ん張るので、片膝を折った姿勢になる。奈良県斑鳩町藤ノ木古墳から出土した馬具の方相氏もおなじようなポーズであった（図16）。

擬人化された熊とともに豚ないし猪もまた方相氏として描かれた。鋭い牙は人に向かえばおそろしい武器になるし、湾曲したかたちのなかに邪を払う役割を古来みてとってきた。いずれも中国では大型の動物で、大きく重いという点も邪を払うには必要だったのだろう。湖南省長沙市の馬王堆遺跡は前漢代の生けるがごとき婦人の遺体が発掘されたことで知られるが、遺体を覆った着物の柄に天界を支える巨大な怪獣が描かれている。先に紹介した画像石の蝦蟇も片脚を折り曲げていた。

鬼を踏みつけた密教系の金剛力士像のポーズは方相氏に由来するが、このポーズは相撲の四股《しこ》とも関係しているであろう。中国集安県舞踊塚の高句麗壁画に、ふんどしをしめた二人の力士が取り組み前にお互い見合ったしぐさで描かれているが、おなじポーズをとっている。力士と方相氏のつながりの深さは、ともに大きく重いという点にあり、再現され

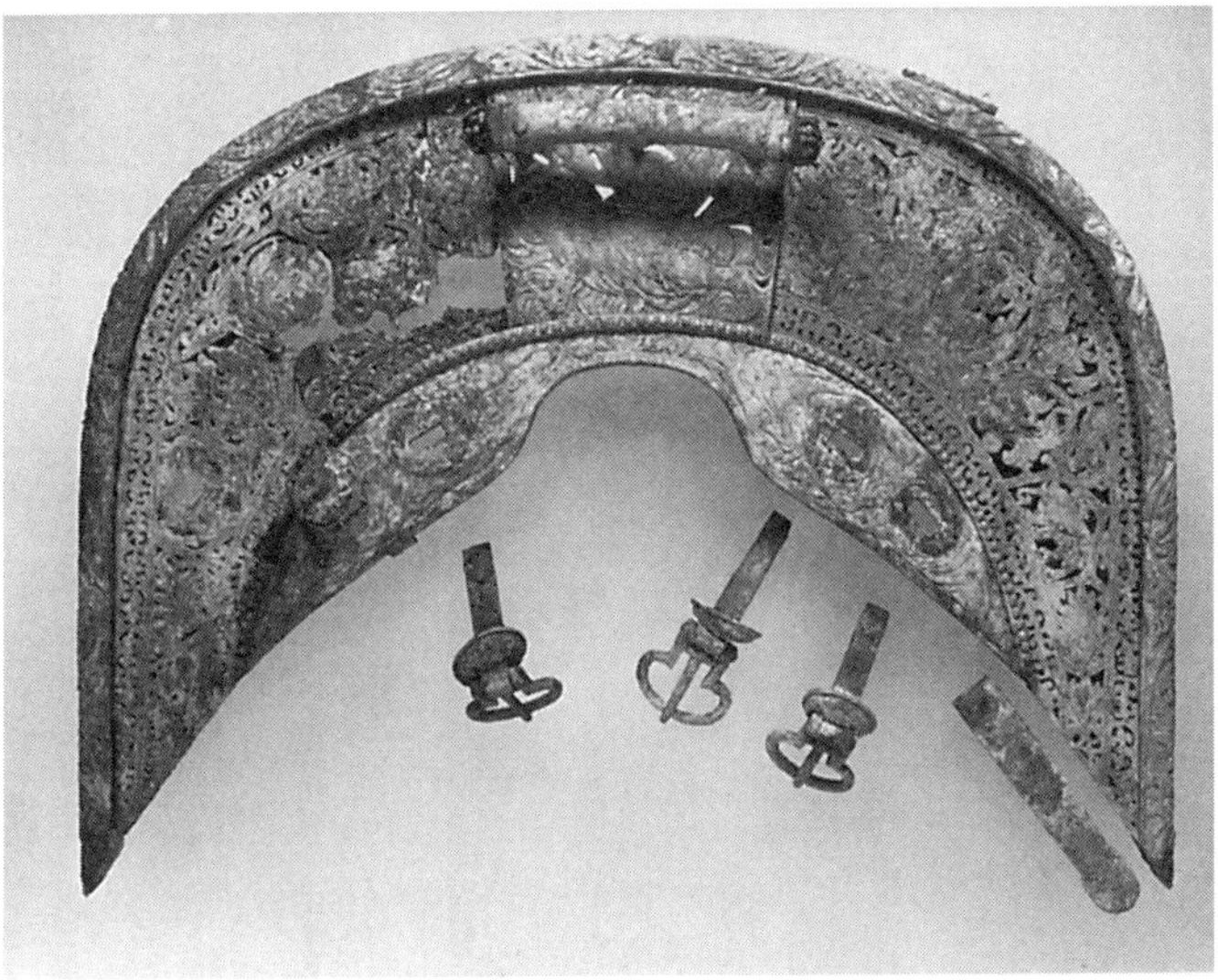

（同模式図）

図16　馬具に透かし彫りにされた方相氏（藤ノ木古墳出土，文化庁所蔵，奈良県立橿原考古学研究所附属博物館保管）

図17　不気味に笑う方相氏の俑（フランス・セルシーヌ美術館所蔵）

た節分祭にもよくそれが反映されている。

歌舞伎の見得《みえ》、すなわち片脚を曲げて腰を深くおろし、手を広げた片腕をお客さんに向かって突き出すおなじみのポーズは不動明王をまねて無病息災を祈願する意味があるとされるから、やはりそのルーツは方相氏にあるのだろう。

漢代の方相氏の俑

立体的な造形品に移ろう。漢代の造形品といえば明器《めいき》がよく知られている。明器は人や動物や身のまわりの調度品などさまざまであり、墓に副葬された。人物や動物の明器は、俑《よう》と呼ばれる。秦の始皇帝陵にともなう等身大の兵馬俑が有名だが、俑の多くはミニチュア品である。あの世でもこの世とおなじ、あるいはもっとよい生活がおくれますようにとの願いを込めて俑は副葬された。

フランスのセルシーヌ美術館が所蔵する漢代の俑は盾をもち、不気味な笑いを浮かべている（図17）。顔を大きく誇張しており、文献にみえる仮面の表現であろう。裏面にも顔をつけている。東京大学文学部の列品室も盾をもつ俑を収蔵している。不気味な笑いを浮かべているが、昭和の初期につくられた収蔵品の解説書に、「極めて醜怪で、一體にグロテスクな作風」と語られているのが印象的だ。この俑は顔が二面あり片方は復元であるが、表裏に顔をもつ方相氏の俑がけっこうたくさんあるのかもしれない。

鬼の角のルーツと方相氏の役割

図18の俑は、いまは失われているが右手に武器をもち、左手を前に突き出して脚を踏ん張る様式化したポーズをとっているので、方相氏とみてよいだろう。この俑で注目したいのは、頭に長い突起をつけてい

図18　様式化したポーズをとる方相氏の俑

る点である。漢代の方相氏の絵画には頭に同様の装飾をもったものが多くあり、頭に武器をいただく画像石の絵画もいくつか紹介した。

小林太市郎さんによると、この俑は「魌頭《きとう》」と呼ばれる。魌頭は方相氏の別称であり、大きな頭の恐ろしい姿をしている。唐代の墓からは、鎮墓獣《ちんぼじゅう》という狛犬《こまいぬ》に似た姿の俑が出土するが、その頭は燃え盛る炎のようにつくられていて、魌頭に起源する。鎮墓獣には墓で死者を邪悪なものから守る役割があり、やはり威嚇を目的とする異形のいでたちといってよい。日本では方相氏や魌頭はのちに鬼に転落するが、鬼の角は魌頭の辟邪の表現であった。

以上からわかるのは、方相氏の造形がパターン化している点である。それは盾や弓などの武器をもち、仮面をかぶり憤怒や笑いの異形の表情を浮かべ、頭に武器あるいは装飾の突起をしつらえて見得を切るようなポーズをとるといった点に集約されよう。

方相氏が熊や虎の皮をかぶっているのは、敵を退散させる力のある霊獣とみられていたからで、いずれも猛獣でこわいという点が求められたのだろう。そしてその役割は、宮中や墓で疾鬼や魍魎など邪悪な霊的存在を撃退する〝辟邪《へきじや》〟であった。四つ目という異形の仮面には、猛烈なパワーで邪悪なものを退ける〝辟邪〟の役割があったとみてよい。これでもかというくらい全身をつかった攻撃的な異形の表現をとっているのは、逆にみればそれだけ世の中の不安の根が深かったからであろう。

盾持人埴輪をめぐって

日本の考古資料のなかに、律令期をさかのぼる古墳時代の方相氏の資料はないのだろうか。

古墳時代の方相氏

奈良県斑鳩町藤ノ木古墳は、豪華な馬具が出土したことで知られる六世紀の古墳である。この馬具は馬の背中につけた鞍《くら》の部品で、透かし彫りによって象や鳳凰などさまざまな意匠がほどこされている。そのうちの人物像は斧を手にして顔を斜め上に向けているが、憤怒の形相である（図16）。考古学の上田早苗さんは、方相氏を表現しているのではないかと考えた。

この馬具はどこでつくられたのかはっきりせず、日本列島ではないかもしれない。しかし、古墳時代に生きた人が目にしたものであることは間違いない。推古天皇元年の条にも記述があることから、上田さんは六世紀の日本列島ですでに方相氏の思想に触れる機会があった可能性を指摘した。

古墳時代の盾持人埴輪《たてもちびとはにわ》からこの問題にせまったあらたな研究があるので紹介しよう。古墳は三世紀なかばころ出現し、墳丘には土管のような円筒埴輪が立て並べられたが、やがて家や盾などの埴輪が加わる。四世紀後半になると盾に顔がついた埴輪もあらわれた。五～六世紀ともなると人物埴輪がさかんにつくられるようになり、数々の傑作が生まれた。琴をひく埴輪やおどる埴輪など、一度は写真などでみたことであろう。盾持人埴輪も人物埴輪の一種であり、腕が省略された分、胸にかざした四角い盾が印象を強めている（図19－2）。

盾持人埴輪は方相氏か

盾持人埴輪の特徴は、以下の点である。

①　大型である。
②　大きな耳を横に張り出して取りつけるものがある。
③　顔にイレズミと思われる線刻をほどこす場合がある。
④　容貌が怪異である。

図19-1　人面付土器（有馬遺跡14号墓出土，群馬県所蔵）

図19-2　盾持人埴輪（前の山古墳出土，本庄市教育委員会所蔵）

古墳文化を研究する塩谷修さんは、盾持人埴輪が方相氏の影響によって生まれたのではないかと考えている。塩谷さんはこれまでに認められていた四つの特徴に加えて、

⑤ 頭の表現が個性的である。

⑥ 石を埋めてむき出しの歯を表現したものがある。

⑦ 五世紀前半に西日本で出現し、五世紀後半に関東地方など東日本に広まった。

⑧ 初期のころには前方後円墳の前方部前面に単独で配置される。

盾持人埴輪は盾を主題とした埴輪だから、防御の役割を背景にして生まれたことは疑いない。⑧から、古墳に忍び寄る邪悪なものをまずはここで退散させる目的があったとみてよいだろう。盾持人埴輪には盾の表面に戟を粘土でかたどって貼りつけたものがあり（図20）、顔の部分を誇張して仮面のように表現していることや、頭部にさまざまな装飾を加えていることから、塩谷さんは盾持人埴輪は五世紀の前半に中国の辟邪の方相氏を原形として成立したとみなしたのである。

塩谷さんの論文が発表された時点では、仮面をつけた埴輪の具体的な例を欠いていた。しかし、奈良県桜井市茅原大墓《ちはらおおはか》古墳から、纒向《まきむく》仮面と似た扁平な顔をした四世紀にさかのぼる盾持人埴輪がみつかることで、この問題も解決した（図21）。

図20　盾の表面に戟を貼りつけた盾持人埴輪（権現坂埴輪製作遺跡出土，江南町教育委員会所蔵）

図21　盾持人埴輪（茅原大墓古墳出土，桜井市教育委員会所蔵）

方相氏と力士

古墳時代の絵画にも、方相氏と関係のある人物像をみることができる。京都市黄金塚2号墳は古墳時代中期、五世紀の古墳であり、盾形埴輪が出土しているが、その側面のひれ状の部分に人物の絵が描かれていた（図22）。耳が大きく誇張されており、鼻は剥落しているが粘土で貼りつけられていたようで誇張されていたのかもしれない。筋肉質のたくましい脚をもち、足はとくに大きく描くので、祭祀考古学を専門とする辰巳和弘さんは、大地を活性化させるために踏みしだく「反閇《へんばい》」を表現したのではないかとしている。

この人物の頭に三角形の突起が描かれているのは大いに注目すべきであり、考古学の岩

図22　盾形埴輪側面に描かれた人物（黄金塚2号墳出土）

松保さんは、鬼の表現と考えている。鬼に転落する前の方相氏の姿が、盾持人埴輪と関係の深い盾形埴輪に描かれた可能性が高く、いずれにしても邪気を払う呪術師であることは間違いないだろう。

この見方が正しいとすれば、大地を活性化することは相撲の四股につながるので、前節で取りあげた方相氏と力士との関係を考えるうえで、さらには日本における力士や相撲の起源を考えるうえでも有力な資料になろう。いまのところ、日本列島に相撲が入ってくるのは力士埴輪の年代から五世紀後半とされるが、もっと古くなるかもしれない。

相撲の起源の追跡はまた別の機会に譲ることにして、盾持人埴輪に戻ろう。

異形の埴輪

盾持人埴輪に口角《こうかく》をあげて笑っているものがある（図19－2）。盾をかざした威嚇表現なのにどうして笑っているのだろうか。

爆笑、嘲笑、微笑、苦笑、失笑、哄笑、一笑に付す、馬鹿笑い——よいことから悪いことまで笑いほど多くの意味をもった表現はないだろう。手塚治虫さんの漫画に、古墳時代の武将がせめてくる敵軍に対して自軍の兵士に向かって「笑え！」と指示しいっせいに笑ったところ、敵はバタバタと倒れるシーンがある。

辰巳さんは、猿田彦《さるたひこ》の眼力に対して天鈿女《あめのうずめ》が笑いでそれに立ち向かった神話にもとづいて、笑いのもつ意味の一つが辟邪であるとした。古代の笑いには、辟邪の役割もあったのである。

笑う盾持人埴輪に加えて、群馬県高崎市山名原口Ⅱ遺跡出土の石の歯を植えた埴輪（図23）や、和歌山市大日山35号墳から出土した人物埴輪のように漢代の方相氏の俑とおなじく頭の両側に顔がついた埴輪がある（図24）。これら異形の造形からすれば、方相氏あるいはその思想が渡来して四～五世紀に盾持人埴輪が成立したという塩谷さんの説はとても興味深い。

その思想の伝来は、どこまでさかのぼるのであろうか。

図23　石の歯を植えた埴輪（山名原口Ⅱ遺跡出土，高崎市観音塚考古資料館所蔵）

図24　頭の両側に顔がついた埴輪
（岩橋千塚古墳群大日山35号墳出土，和歌山県立紀伊風土記の丘所蔵）

邪馬台国時代の方相氏

纒向仮面は土坑の下層から出土したが、上層からは盾の破片や鎌ないし戈の柄の木製品が出土した。出土した土器から、三世紀前半とされる。仮面はカシ類の木でつくった鍬に手を加えたもので、まん丸の口は柄を取りつけるための孔を利用している。

纒向仮面の謎解き

仮面と戈と盾という方相氏の三点セットがひとまとまりでみつかったのであり、春成さんは積極的に方相氏とのかかわりを認めている。仮面が出土した土坑《どこう》は、纒向遺跡から多数見つかる祭祀土坑の一つである。数千個の桃の種が出土した祭祀土坑もある。中国で桃は早くから仙人が珍重した樹木であり、桃の弓を使う童女を引き連れた方相氏ともゆかりが深い。纒向遺跡に方相氏がいた可能性は、わたしも高いと思う。

この仮面には耳に結わえるための孔がないのが、盾と戈をもつ儀礼で使われたとする場合の難点である。しかし、付近の大福遺跡からみつかった木製仮面にはちゃんと孔があり、これならば両手がふさがっていても呪術をおこなうことができる。

盾持人埴輪の祖形

目を東に移そう。群馬県渋川市の有馬遺跡は弥生時代後期、二世紀の遺跡である。この遺跡の14号墓から人体をかたどった高さ四十センチほどのひょろ長い壺形土器がみつかった（図19－1）。

左腕は欠けているが、たぶん両方の腕を斜め上にあげて通せんぼうのようなスタイルをとっていたのだろう。おもしろいのは顔のつくりで、鼻は隆々と大きく口も異様だ。なによりも耳が横に張り出して大きくつくられているのが印象的である。頭には兜巾《ときん》のような突起がつけられている。ここまで書けば、有馬遺跡出土人面付土器の異形の表現が盾持人埴輪と類似していることは説明するまでもない。

最後の章で、この地域の弥生時代前半にさかんにつくられた人面付土器という骨壺を取りあげるが、有馬遺跡の壺形土器もその仲間なのではないかという意見もあるだろう。たしかに墓から出土したが、蔵骨器として墓の埋葬主体部に入れられたのではなく、主体部

図25　人面付土器（小八木志志貝戸遺跡出土，群馬県所蔵）

から一メートル以上離れた墓の端にうつぶせに倒れていたのである。また、目がくりぬかれている点は、古い人面付土器ではなくて人物埴輪と特徴をおなじくする。異形であることや仕草からしても、墓を守っていたことはあきらかであり、その点も盾持人埴輪に通じる。同様な異形の造形品は群馬県高崎市小八木志志貝戸《こやぎししがいと》遺跡（図25）、長野県佐久市西一里田遺跡などでもみつかっており、その多くは墓域から出土している。

　このように述べると、盾持人埴輪ひいては埴輪の起源が弥生時代の関東地方周辺にあるといっているように聞こえるかもしれないが、そうではない。人物埴輪を含めて埴輪づくりが近畿地方から関東地方に伝えられたのはあきらかである。

人物埴輪がさかんにつくられる以前の二～四世紀は全国的に人物の造形品が少ない時期であり、おそらくこの時期に有馬遺跡例にみるような葬送にともなう呪術が纒向を含めて日本列島の広い範囲でおこなわれていたのではないだろうか。盾持人埴輪を生み出す素地、盾持人埴輪の祖先は列島内のどこにでもいたであろう。それがたまたま人面付土器のような人体表現のさかんだった関東地方あたりで、あらたな装いの表現として誕生したのが有馬遺跡の人面付土器だったのではないだろうか。

ただし、言い残しておきたいのは、有馬遺跡例が発見されるよりも前に、関東地方における弥生時代の人面付土器の目と耳の表現が人物埴輪に引きつがれていると説いた研究者がいることである。それは先史考古学の山内清男《やまのうちすがお》さんである。たいへんな洞察力のもち主であり、忘れ去られた提案として、いずれ検証したい課題である。

石棺に描かれた方相氏

関東地方の有馬遺跡例に方相氏の影響を考えたのだが、中国から伝来したとなればもっと西のほうが問題になる。

わたしの大学時代の旧友、古代の鉄器を研究している松井和幸さんから二〇〇九年（平成二一）にメールをもらった。福岡県北九州市の城野遺跡で三世紀の墓が発掘されており、石棺に絵が描いてあるらしいというのでさっそく現地に赴いた。残念なことに空気に触れたことで退色が進んでおり、もはやなにが描かれているのかよくわからなかったが、赤く塗られた石棺の壁にヘラでつけた浅いくぼみによる線で絵を描いたことは疑いようがなかった。

発掘を担当された方に、出たばかりのときにとったカラー写真をみせてもらって驚いた。長方形の石棺の小口、つまり短辺の内側に真っ赤に朱が塗られてその表面に浮かびあがっているのはまぎれもなく人物の絵であった（図26）。

弥生時代の土器や銅鐸に描かれた人物の絵はたくさんあるが、いずれもパターン化している。肩をまっすぐな線で描き、頭はテニスのラケット風にするか縦棒の首に○や△の頭をつける。体は逆三角形に描く。ポーズも一定していて、なにももたずに両手を広げて万歳しているポーズと、右手に戈をもち左手に盾をもつポーズである。城野の絵はラケット風の頭で、右手を水平にしてなにか棒状のものを握り、左手にやはりなにかをもっているようにみえる。かすれてはっきりしない部分も多いが、武器と盾をもつ人物像とみてよい。

顔のなかに目や口などを描くが、鼻は大きくて左目の上にもう一つ同じような表現があ

図26　石棺に描かれた方相氏
（城野遺跡出土，北九州市教育委員会所蔵）

るのは四つ目にしようとしたものかとひいき目にみてしまうが、そうではなくともこれが方相氏を描いたことは、次に述べるように確実だと思う。

辟邪思想の伝来

この墓からは歯が出土しているが、四～五歳くらいの幼児の歯であった。それが絵のある小口石のすぐ下から出土したので、絵はこの幼児を見下ろす位置に描かれていることになる。漢代の方相氏は、墓のなかで戈をふるい四隅を打って魍魎を追い払い、宮中では童男童女を病魔から守る役目を果たした。したがって、城野遺跡の石棺墓の絵は方相氏であるとみてまず間違いない。

この石棺墓は、四周を溝で画した長方形の区画の中央に設けられていたが、区画の長軸が二十メートルをこす巨大な墓であり、葬られていたのは権力の座につくことの期待された幼児であった。大量の朱とともに世襲も中国から日本列島に伝えられたのであり、あわせて方相氏の思想が渡来したのではないだろうか。

邪馬台国《やまたいこく》時代の三世紀に、卑弥呼《ひみこ》が魏に使いをつかわして銅鏡や金印など数々の下賜品をさずかったことが、『三国志』の魏書第三十巻烏丸鮮卑東夷伝倭人条、いわゆる『魏《ぎ》志《し》』倭人伝に記されている。卑弥呼は鬼道をよくするとあり、呪術によって人々をコントロールしていた。呪術の正体はよくわからないが、これまで述べてきた同時代の考古学的な資料からすれば、辟邪の効力を発揮するものであったことは疑いない。具体的な敵もあったろうが、みえざる敵と対峙する場合もあったであろう。そこで異形の造形や辟邪思想の由来を考える手がかりをイレズミに求めてみたい。

盾持人埴輪には顔にイレズミと思われる線刻があることに触れた。日本列島のイレズミの起源と変遷、そしてその歴史的意義は奈辺にあるのか。そもそも考古遺物の顔の線刻がイレズミとどうしてわかるのだろう。次の章ではそこを問題とすることにしよう。

黥面考

顔のイレズミの歴史

『魏志』倭人伝と三世紀の黥面絵画

イレズミの文化

二十年ほど前にアメリカ合衆国にしばらく滞在していたが、向こうではイレズミがはやっていた。街角にごく普通にTATTOOの看板がかかっていた。タトゥーという言葉はもともとポリネシア語で、ポリネシア、ミクロネシア、ニュージーランドなどでは古くから定着していた。ニュージーランドのマオリ族のイレズミはつとに知られている。

ラグビーワールドカップで来日したニュージーランド代表オールブラックスには立派なイレズミをしている人が多かったし、先住民族の血を引くイレズミをしたひとが日本の銭湯で入浴を拒否されたことにひどく傷ついたという新聞記事を、だいぶ前に目にしたことがある。

イレズミは文化であり、定着している限りはそれが重大なアイデンティティー——帰属意識——の表象なのである。アイヌ民族の女性にも古くからイレズミを入れる習慣があり、しなければ結婚ができなかったし、亡くなっても祖先の仲間入りができなかった。沖縄の女性のイレズミ——ハジチ——もそうであり、大人のイレズミを誰もがあこがれ、また、後世——グソー——へのパスポートとして女性であれば誰しも経験しなくてはならない文化的定着であった。十九世紀の末に明治政府がイレズミ禁止令を出すのは、イレズミは〝未開の風習〟というヤマトの観念にもとづいたものであって、在来の文化の一方的な否定であった。

二十年ほど前のアメリカの経験であったが、欧米の文化をすぐに取り入れたがる日本でも、さすがにイレズミはすんなりと入ってこないのではないかとそのときわたしは思った。日本ではイレズミは負のイメージが強く、それは江戸時代に咎人《とがにん》の刑罰の一つであったことが現代社会にも大きく尾を引いているからと考えていたことによる。この推量があたらなかったのは、いまではあちこちでイレズミをしている人をみかけるようになったことでわかるが、それはともかくとして日本でのイレズミの負のイメージの歴史は根が深いことをこれから述べていくことにしよう。

なお、入墨や刺青は墨を入れることからきた言葉なので、考古資料から推測する文字のない時代のイレズミは実際になにをすりこんだのかまではわからないし、入墨と刺青の区別もできないから、ここまで書いてきたようにすべて〝イレズミ〟とカタカナ表記にする。

男子みな大小となく黥面文身す

古代の日本列島では、男子は全員がイレズミをしていたらしい。三世紀に中国で編さんされた『魏志《ぎし》』倭人伝にある次の記述がその根拠である（図27）。

男子無大小、皆黥面文身。自古以來、其使詣中国、皆自称大夫。夏后少康之子封於会稽、斷髮文身、以避蛟龍之害。今、倭水人好沉没、捕魚蛤、文身亦以厭大魚水禽。後稍以為飾。諸国文身各異、或左或右、或大或小、尊卑有差。計其道里、當在会稽東冶之東。（南宋紹熙刊本）

倭人《わじん》の男子は身分の高い人もそうでない人も、みな顔や体にイレズミをしている。中国にやってきた倭の使いは、そのむかしからみな自分のことを大夫と名のっていたが、なぜ体にイレズミをしていたかというと、こういうことである。夏王《かおう》の息子の少康《しようこう》

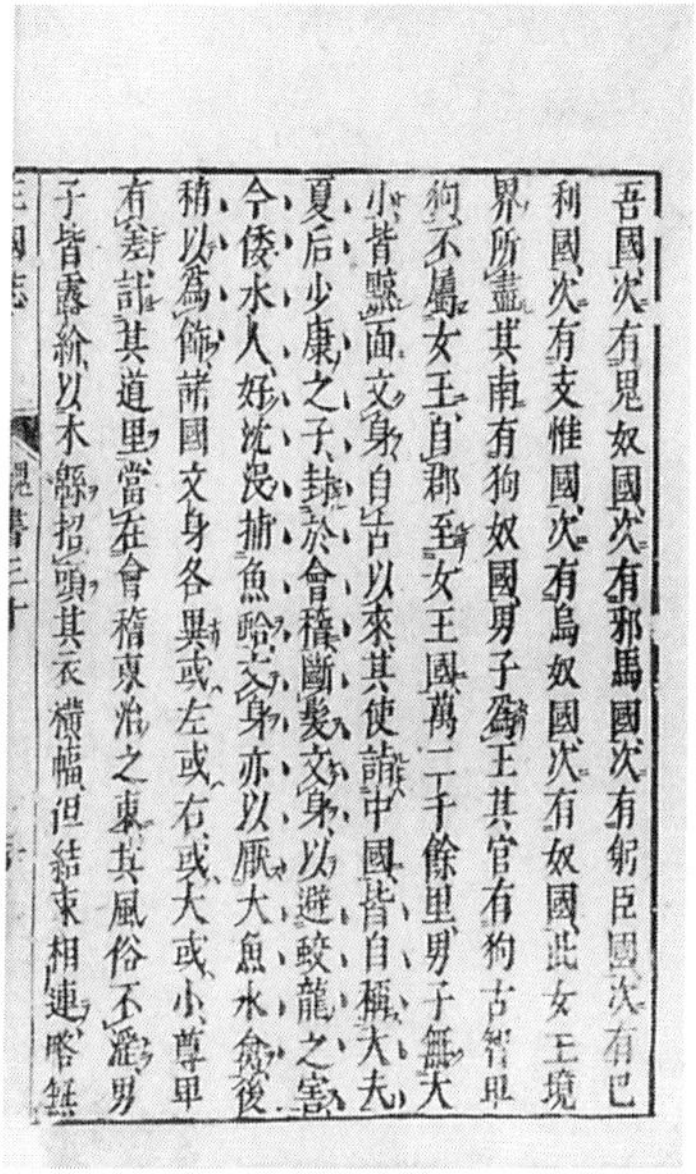
吾國次有鬼奴國次有邪馬國次有躬臣國次有巴
利國次有支惟國次有烏奴國次有奴國此女王境
界所盡其南有狗奴國男子為王其官有狗古智卑
狗不屬女王自郡至女王國萬二千餘里男子無大
小皆黥面文身自古以來其使詣中國皆自稱大夫
夏后少康之子封於會稽斷髮文身以避蛟龍之害
今倭水人好沈沒捕魚蛤文身亦以厭大魚水禽後
稍以為飾諸國文身各異或左或右或大或小尊卑
有差計其道里當在會稽東冶之東其風俗不淫男
子皆露紒以木緜招頭其衣橫幅但結束相連略無
三國志　魏書三十

図27　『魏志』倭人伝（国立公文書館内閣文庫所蔵）

が会稽《かいけい》に赴任した際に、髪を剃り体にイレズミをして水中の魔物、蛟《みずち》や龍の危害から身を守った。倭ではいま潜り漁がさかんだが、水中で魚や貝をとるときにおなじようにイレズミをして大魚や水鳥から身を守っていたのである。しかし、それはやがてたんなる装飾にかわってしまった。倭人の体のイレズミは国によって異なっている。左右で異なっていたり大きく描いている場合も小さな場合もあり、身分によっても違う。中国からの道のりと距離からして、会稽の東に位置していることからもその類似性は説明できる。

「黥《げい》」は顔のイレズミで、「文身《ぶんしん》」はそれ以外の箇所のイレズミをいう。倭人は、顔にも体にもイレズミをしていたというのである。「大小」というのは、大人と子どもと解せられるかもしれないが、民族誌には五歳あるいは七～八歳にイレズミを入れる例があるものの、入れはじめは小さくて完成するのは成人である。この記述のすぐそばに「大夫」という言葉も出てくるので、身分の高い人もそうでない人もということであろう。注目したいのは「男子」と特定している点である。つまり、女性はイレズミをしていなかったのである。

『魏志』倭人伝のある『三国志』は、西晋の陳寿《ちんじゅ》が三世紀に編さんした。そのなかの倭人条は、当時の日本列島のおもに西側に暮らしていた倭人の地理、習慣、暮らしぶり、政治、外交などを記録した条であり、わずか二千文字たらずだが、考古資料ではおよそ解けないことを含めてその情報量は膨大である。

しかし、そこに書かれていることが実際のものだったのかとなると、いろいろな議論や疑念がある。それを補ったり検証するのが考古学の役目でもある。黥面文身もそうである。倭人は実際にイレズミをしていたのか、『魏志』倭人伝だけではその保証はない。

どうすればそれを検証することができるのだろうか。わたしは考古資料に加えて文献を用いる。文献とは『古事記』と『日本書紀』、いわゆる記紀である。倭人伝も文献なのに事実かどうかわからないからそのままでは使えないといったばかりなのに、記紀を用いてよいものか、ましてや政治的な意図のもとに編さんされて潤色《じゅんしょく》が多いとされる記紀こそ危なくて使えないのではないかという意見もあるだろう。しかし、記紀だけを使うのではなく、考古資料とつき合わせることで相互比較を試みる。

プロローグの冒頭に書いたように、本書は考古学の資料をまず重視する立場に立つので、考古資料から検討していくことにするが、考古資料は埴輪《はにわ》と三世紀の絵画を使う。すでに出てきた盾持人《たてもちびと》埴輪には顔に線刻をもつものがあり、イレズミとされているが、これもそのままではイレズミと決しがたい。それを今度は記紀で検証するのである。結論の是非は話が終わってからにして、とにかく先に進むことにしよう。

陳寿の推理

陳寿はなぜ倭人がイレズミをしていたのか、推理をはたらかせている。

倭の水人、つまり漁撈にたずさわる人たちが水に潜ったときに、大きな魚や水鳥を追い払う目的で体にイレズミをしていたが、それは中国の夏王朝の六代目である少康の子、無余《むよ》が会稽地方に赴任した際に髪の毛を剃って体にイレズミをして海中にいる龍や蛟の害から身を守ったのと同様だと考えることができる、というのが陳寿の推理であった。

倭国は会稽という中国南方地域の東側にある、つまりおなじような緯度の地方なのでおなじような習慣があるという民族学的な分析をしているわけだが、その当否はともかくもここで注目したいのは水のなかの邪悪なものを払うのがイレズミの役割だとみている点である。

陳寿が倭人伝を編さんするにあたっては使者を倭国につかわしたが、すくなくともいまの福岡県糸島地方にあった伊都国《いとこく》まで使者はやって来て、実際に見聞きさせているというのが一般的な理解である。そうであれば倭の水人に対する聞き取り調査の結果をみて、そのような判定をくだした可能性もあるのではないだろうか。

発見された黥面絵画

一九八一年（昭和五六）、国内のメジャーな考古学の雑誌である『考古学雑誌』に、おもしろい論文がのった。愛知県安城市亀塚遺跡から出土した壺形の土器に、細い線で大きく顔が描かれていたという報告である。

卵のような顔の輪郭を描き、瞳のない目を入れ、鼻、口、耳を表現する。耳飾りをつけていたようだ。それ以外の線刻、すなわち目尻の線刻、額から目を貫いて鼻の脇を通りカーブを描く線、口の下のあごの線は、通常の顔にはない表現である。これらはいずれもたくさんの線の束になっている（図28）。

この土器は特別な施設からではなくて遺物が含まれた地層からバラバラ状態で出土し、またこれといった特別な遺物といっしょに出土したわけでもなく、出土状況からこの土器の性格をあきらかにする手がかりを欠いている。しかし、特殊な人面という点だけでもこの土器が呪術的な目的でつくられ、あるいは祭りごとに用いられたことを容易に推測することができる。時代は弥生時代後期後半であり、『魏志』倭人伝と同時代、つまり三世紀の「黥面」を考えるうえで格好の資料であることは間違いない。

図28　黥面絵画土器（亀塚遺跡出土，安城市教育委員会所蔵）

石棺墓の蓋《ふた》石に顔が描かれていたという記事を新聞で目にしたのはそれから数年後であった。出土したのは香川県善通寺市の仙遊《せんゆう》遺跡であり、描かれた顔は亀塚の資料と瓜二つである（図29）。亀塚の論文が記

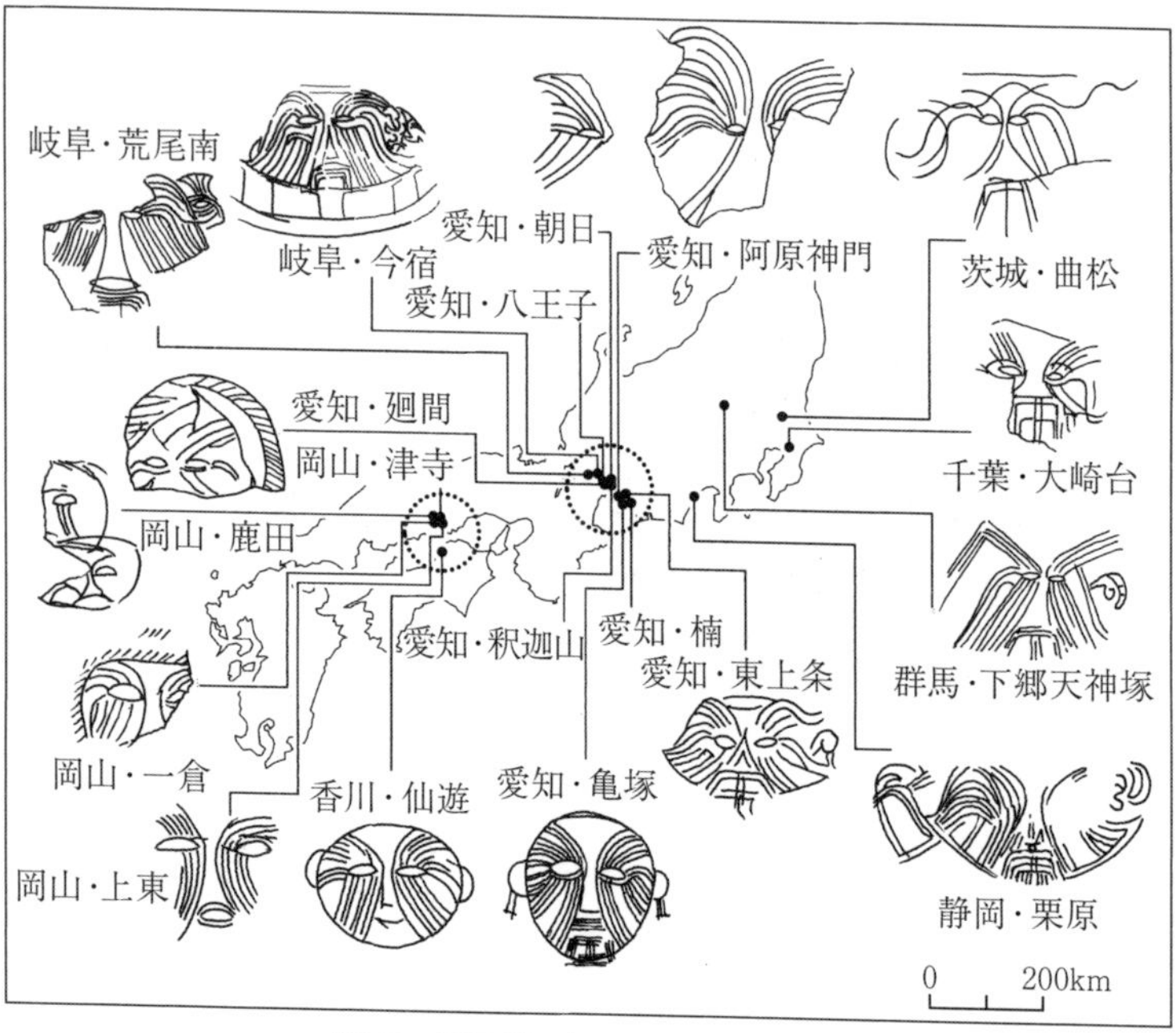

図29　黥面絵画の分布（筆者作成）

憶に残っていたので、よく似たものがあるものだと思うとともに、四百キロも離れているのにおなじ様式の絵画があることにがぜん興味を覚えて探索をはじめた。すると、次から次へと類例がみつかり、あっという間に西は吉備地方から東は関東地方まで、二十個体あまりのものに描かれた三十例以上の顔面線刻絵画が集まった。一九九〇年（平成二）時点なので、いまは四十例ほどになっているだろう。

これらの多くの資料に共通する特徴は、瞳のない目と額から頬の弧状の線刻、そして目尻から耳にかけての線刻である。時代としては二世紀にまでさかのぼりそうな資料一例と古墳時代前期の四世紀にくだる資料一例以外、すべて三世紀すなわち『魏志』倭人伝の時代であり、邪馬台国《やまたいこく》時代といってもよい。

どんなものがどんな場所から

とりあえずこの共通項が多い顔面線刻絵画を「黥面絵画」と呼んでおく。どんなものに描かれたかというと、土器が多いが、そのほかに石棺の蓋、土偶《どぐう》、孔のあいた球状土製品、鳥形木製品、埴輪である。

黥面絵画を描いた土器は亀塚の例を含めてていねいにつくられた壺形土器、高坏《たかつき》形土器、鉢形土器であり、煮炊きに使った甕《かめ》形土器に描かれたのは分布のはずれである関東地方のたった一例であった。

土偶といえば縄文時代の遺物というイメージをもつ人が多いだろう。土偶は縄文時代にさかんにつくられたことは間違いないが、弥生時代にも引きつがれ、あらたな装いで再登場した。それは祭りの道具である鳥形木製品とともに、最後の章で述べることにしよう。

孔のあいた球状土製品は土玉《どだま》と呼ばれ、漁撈に使う網のおもりとされる場合もある。しかし、鳥取市青谷上寺地《あおやかみじち》遺跡からは木の弦輪《つるわ》に通した土玉がいくつもみつかっており、交易に使った換算具ではないかとの説もある。いずれにしても、土玉のすべてをたんなる労働用具としてかたづけることはむずかしい。

つまり、黥面絵画のキャンパスの多くは非日常的な道具であり、葬送儀礼など祭りの色が濃いものに描かれたことになる。

どんな場所から出土したのだろうか。多くは亀塚遺跡のようななんの変哲もない遺物包含層だが、仙遊遺跡の例は墓であり、埴輪が出土したのは群馬県玉村町下郷天神塚古墳である。ほかにも墓域を区画する溝から出た場合もあるなど墓に関する資料が多い。集落を区画する溝や井戸もあるので、結界《けっかい》の性格をもった場所ということができよう。

おさないころ夏になると、井戸の底から一枚、二枚とお皿を数える声が聞こえてくるという怪談を話して聞かされたが、井戸はこの世とあの世の境界で幽霊のすみかだ。律令期の人面墨書《ぼくしょ》土器が川の跡から出土するのもおなじような意味がある。

人生にとっての境界もまがまがしさにあふれていて、縄文時代には成人になるための掟《おきて》として健康な歯を抜いてしまう儀式がおこなわれた。よろずの境目《さかいめ》になぜそのような重大な秘密が隠されているのかについては縄文時代の顔をあつかう次の章で話すことにして、三世紀の黥面絵画資料の場合には邪悪なものが出現する場面においてそれを防ぐ目的で使用されたことをここでは確認しておきたい。

このようにみてくると、陳寿の推理も当たっていた可能性がある。

黥面絵画の奇妙な分布

黥面絵画が出土した遺跡を地図に落としてみると、おもしろいことに気づく。

先ほど紹介した二例は愛知県域と香川県域であったが、その後みつかった資料はその二つの地域に集中しているのである。愛知県域と岐阜県域の濃尾・三河地方、そして岡山県域と香川県域の備讃《びさん》地方である。どちらも海に面した地域、あるいは海から少し川をさかのぼったところにある。さらに静岡県域と関東地方の内陸に入って千葉県域、茨城県域、群馬県域から点々とみつかった（図29）。

このうち、もっとも古いのは二世紀にさかのぼる可能性がある岡山県倉敷市上東《じょうとう》遺跡の黥面絵画土器である。黥面は小さな鉢形の土器に描かれていたが、いっしょに牙をむき出した猪や龍を描いている（図8）。黥面が猪に相対しているような雰囲気があるのは、すでに紹介したところである。

そのほかの備讃地方と濃尾・三河地方、駿河地方の例はいずれも三世紀の資料で、群馬県下郷天神塚古墳の埴輪に描かれた資料がもっともあたらしい四世紀である。関東地方には三世紀〜四世紀の弥生時代終末から古墳時代前期にかけて、東海地方から土器が大量に伝わる。当然そこには人々の移動があったのであり、黥面絵画は濃尾・三河地方からの移住者によってもたらされたのだろう。

濃尾・三河地方の黥面絵画には亀塚遺跡のように顔の輪郭を描くもののほかに、鳥が翼を広げたようなデザインの絵画もあって駿河地方に伝わるが、関東地方には顔の輪郭やそのような翼状のデザインも失われ、瞳のない目と額から頬の弧線と目尻の線、この三つの表現だけが残っていった（図29）。つまり伝播拡散する過程で省略化が進んだのであるが、だからこそその三つが黥面絵画にとって欠くべからざる要素だったといってよい。

そして、なによりも注目したいのが、近畿地方に皆無である点だ。かろうじて黥面絵画ではないかとされる資料が一例指摘されているものの、意識して集めるようになってから三十年間、その両側の地域で類例が増えていくのに、近畿地方ではいっこうにみつからない。三世紀の吉備地方と濃尾地方といえば、大型の墳丘墓をつくるような政治的勢力が力をつけていった地域である。その点は近畿地方もおなじなのに、なぜか黥面絵画はないのである。このことを課題として、ではこの絵画がイレズミであるといってよいのか検証に移ろう。

『古事記』『日本書紀』の黥面と文身

記紀には全部で六ヶ所、「黥面」と「文身」の記述がある。それらにひとわたり目を通す。

『古事記』の黥面

①　爾《ここ》に大久米《おおくめ》の命、天皇の命を以ちて、其の伊須気余理比売《いすけよりひめ》に詔《の》りし時、其の大久米の命の黥《さ》ける利目《とめ》を見て、奇《あや》しと思ひて歌《うた》曰ひけらく、

胡鷰子鶺鴒《あめつつ》　千鳥《ちどり》ま鵐《しとと》　など黥ける利目

とうたひき。爾に大久米の命、答へて歌曰ひけらく、

媛女《をとめ》に　直《ただ》に遇《あ》はむと　我が黥ける利目

（『古事記』神武天皇条）

大久米の命が神武天皇の恋ごころをイスケヨリヒメに伝えたときに、そのイレズミをした鋭い目を見たヒメが奇妙に思い、なぜ鳥のような目をしているのですかと聞き、それに対して天皇の気もちを早く伝えたいがために鳥のように飛んできました、と述べた。

② 是《ここ》に市《いち》の辺《べ》の王の王子等《みこたち》、意祁《おけ》の王、袁祁《をけ》の王、二柱此の乱れを聞きて逃げ去りたまひき。故《かれ》、山代の苅羽井《かりばゐ》に到りて、御粮《みかれひ》を食す時、面黥《まさ》ける老人《おきな》来て、其の粮を奪ひき。爾に其の二《ふた》はしらの王《みこ》の言りたまひしく、「粮は惜しまず。然れども汝《な》は誰人《たれ》ぞ。」とのりたまへば、答へて曰ひしく、「我《わ》は山代の猪甘《ゐかひ》ぞ。」といひき。

（『古事記』安康天皇条）

大長谷若建命《おおはつせわかたけのみこと》（のちの雄略天皇）に殺された市辺押磐皇子《いちのべのおしはのみこ》の二人の息子が、難が及ぶのを逃れて山城（現在の京都府）の苅羽井というところにたどりついたときのことである。お弁当を食べようとすると、どこからともなくあらわれた顔にイレズミのある老人がお弁当をとってしまった。気前よく、別にお弁当は惜しくないけれど、いったいあなたはどこのどなたでしょう?とたずねると、わしはここで猪を飼っているものじゃ、とこたえた。

『古事記』のイレズミの記述は以上の二ヶ所であり、『日本書紀』には以下の四ヶ所の記述が知られている。

『日本書紀』の黥面と文身

③ 阿曇連浜子《あづみのむらじはまこ》を召して、詔《みことのり》して曰《のたまは》く、「汝《いまし》、仲皇子《なかつみこ》と共に逆《さか》ふることを謀《はか》りて、国家《くに》を傾《かたぶ》けむとす。罪、死《しぬる》に当《あた》れり。然るに大きなる恩《めぐみ》を垂れたまひて、死《ころすつみ》を免《ゆる》して墨《ひたひきざむつみ》に科《おほ》す」とのたまひて、即日《そのひ》に黥《めさききざ》む。此に因りて、時人《ときのひと》、阿曇目《あづみめ》と曰《い》ふ。

（『日本書紀』履中天皇条）

仁徳《にんとく》天皇の子息、住吉仲皇子《すみのえのなかつみこ》は、淡路島の野島の海人たちの長である阿曇連浜子と共謀して自分の犯した過ちをぬぐうべく、のちの履中《りちゅう》天皇を殺害しようとするが果たせずに殺される。履中天皇は即位後、浜子に対してあの事件は国家転覆として死罪にあたるが、顔にイレズミをする墨刑で許してやろうと、その日のうちにイレズミをした。目の縁に刻まれたイレズミから、当時の人たちはそれを「阿曇目」と呼んだ。

④　天皇《すめらみこと》、淡路嶋《あはぢのしま》に狩したまふ。是の日に、河内《かふち》の飼《うまかひ》部《べ》等《ら》、従駕《おほみともにつか》へまつりて轡《おほみまのくち》に執《つ》けり。是より先に、飼部の黥《めさきのきず》、皆差《みない》えず。時に嶋に居《ま》します伊弉諾《いざなみの》神《かみ》、祝《はふり》に託《かか》りて曰《のたま》はく、「血《ち》の臭《くさ》きに堪へず」とのたまふ。因《よ》りて、卜《うらな》ふ。兆《うらはひ》に云《い》はく、「飼部等の黥の気《か》を悪《にく》む」といふ。故《かれ》、是《これ》より以後《のち》、頓《ひたぶる》に絶えて飼部を黥《めさき》せずして止《や》む。

（『日本書紀』履中天皇条）

履中天皇が淡路島に狩りに行ったときの話である。天皇がたまらなく臭い血のにおいがするので伊弉諾の神に占ったところ、天皇の馬のたずなを握っていた河内（現在の大阪府）の馬飼いの目の付近にしたイレズミの傷が癒《い》えておらずに腐って悪臭を放っていることが原因だとわかった。それからあと、馬飼いはイレズミをしなくなった。

⑤　鳥官《とりのつかさ》の禽《とり》、菟田《うだ》の人《ひと》の狗《いぬ》の為《ため》に囓《く》はれて死《し》ぬ。天皇《すめらみこと》瞋《いか》りて、面《おもて》を黥《きざ》みて鳥養《とりかひ》部《べ》としたまふ。

（『日本書紀』雄略天皇条）

朝廷の鳥を飼う役人が、飼っていた鳥を菟田（現在の奈良県宇陀地方）の犬に食べられて死なせてしまった。これを怒った雄略《ゆうりゃく》天皇は、罰としてこの役人の顔にイレズミをして自由人である鳥官から不自由人の鳥養部に左遷させた。

⑥　武内宿禰《たけしうちのすくね》、東国《あづまのくに》より還《かへりまうき》て奏《まう》して言《まう》さく、「東の夷《ひな》の中に、日高見国《ひたかみのくに》有り。其の国の人、男女並《をのこめのこならび》に椎結《かみをわ》け身《み》を文《もどろ》けて、為人勇《ひととなりいさみ》み悍《こわ》し。是を総《す》べて蝦夷《えみし》と曰ふ。亦《また》土地《くに》沃壌《こ》えて曠《ひろ》し。撃ちて取りつべし」とまうす。（『日本書紀』景行天皇条）

景行《けいこう》天皇につかえていた武内宿禰が東国から戻り、「東の辺境には日高見という国があり、男女はいずれも髪を結い、体にイレズミをして、勇猛果敢で恐ろしい。これらの人々を蝦夷と呼んでいます。その土地は広くて肥沃なので、いくさをしかけて略奪するとよいでしょう」と進言した。

以上が記紀にあらわれたイレズミの記載だが、一読してその内容の共通性から①〜⑤と⑥の大きく二つに分けることができる。まず、①〜⑤の特徴を整理してみたい。日本古代のイレズミに関しては、古代史の喜田貞吉《きたさだきち》さんや和歌森太郎《わかもりたろう》さん、三品彰英《みしなしようえい》さんらによって分析されているので、それらを踏まえながらみていくことにしよう。

畿内地方の黥面の特徴

①〜⑤は「黥面」の記載である。③〜⑤が河内地方、宇陀（大和）地方、山代（山城）地方の説話であり、①と②も天皇の周辺での事なのでいずれも畿内地方でのできごとといえる。神武天皇はともかく、十七代の履中天皇から二十一代の雄略天皇まで五世紀代の記述であり、記紀のなかでは比較的古い伝承を記したものといってよい。

性別がはっきりと書かれているのはないが、いずれも男性とみて間違いない。

黥面はどのような身分のものだったのだろうか。大久米の命や阿曇連浜子といった政権の側近の立場の者もいるが、それとて支配者ではなく、ほかの三ヶ所はいずれも部民《べみん》である。それも飼部、猪甘、鳥養部という動物にかかわる身分の低い職掌である。それらがうっかりと大事な鳥を殺されたり反逆を企てたり泥棒を働いたりとさんざんで、挙句のはてには隷属民におとされたり罪滅ぼしの刑罰としてイレズミをされている。八世紀にイレズミはネガティブな習慣とみられていたことがわかる。

氏族の系譜を考えるうえでは、阿曇と大久米が参考になる。阿曇連浜子に淡路島の野嶋の海人らがしたがっているという記述が履中天皇条にあり、あちこちの海人がわけのわからない言葉で騒ぎを起こして天皇のいうことを聞かなかったが、阿曇連の祖である大浜宿禰をつかわしたところ騒ぎがおさまり海人の宰相になったという記述が応神《おうじん》天皇条にある。阿曇氏は海神であるわたつみの神を祖神としており、阿曇氏が古くから海人を支配していたことをうかがわせる。

久米氏の本拠には諸説あるが、喜田さんは肥人《こまひと》や隼人《はやと》など南九州地方と関係が深いとした。鹿児島県南さつま市上加世田《うえかせだ》遺跡から「久米」の墨書土器がみつかったことを受けて、谷川健一さんは喜田説に賛同した。『肥前国風土記』には五島列島の海人集団である白水郎《はくすい》の容貌が隼人に似ているとの記載があり、また隼人系の人たちは古くは海部《あまべ》、阿曇部の名で知られていたとされる。隼人は八世紀に反乱を起こすなど、阿曇部ともども海人族は支配に容易にしたがわない、政権にとってはとてもやっかいな異種族として扱われている。

イレズミが目のあたりにほどこされていたことを書いた記述がいくつかあることも特徴である。

目とかかわるイレズミ

①には「黥ける利目」とあり、③はイレズミをほどこした状態を「あづみめ」と呼んでいたというのであり、いずれも目の付近にイレズミしていたことをあらわしている。③は「黥」を「めさききざむ」、④は「めさき」「めさきのきず」とするのもそれらの状況から校註者によって加えられたルビであろう。

ちなみに、イレズミの方法は大きく二つに分けられる。一つは切開による cutting であり、もう一つは scarification（スカリフィケーション）――瘢痕《はんこん》形成――とされる針などを突き刺してもちあげることで盛り上がりをつくっていく方法である。「さく」や「きざむ」と読んだのは中国の「黥」の意味を踏まえてのことであり、切開法を念頭においたものである。

①には顔にイレズミをして鳥に扮して飛んできたとあり、千鳥や鵐（かささぎ?）、鷰子（つばめ）、鶺鴒（せきれい）などいろいろな鳥が出てくる。鳥のような鋭い目であり、細いというよりもまぶたのような溝が目をぐるりと取り巻いている状態を、あるいは目先刻むとあるように目尻にイレズミを入れて目を強調しているさまをあらわしているのであ

ろう。

『播磨風土記』にも、応神天皇が二つの山の稜線が目のまわりにほどこしたイレズミと似ていることから、山にそのような名前をつけたという説話がある。

東国の文身

①〜⑤に対して⑥は東国のイレズミのことを記しているが、黥面ではなく文身である。男女ともに文身をおこなっている点も畿内地方と異なる。種族も蝦夷である。

ただし、勇ましくこわいというイメージは、阿曇連浜子の陰謀や山代の猪甘の泥棒のようなあらあらしいイメージと重なる。また、西の隼人に対する東の蝦夷という政権にとって東西の厄介な人々である点にも共通性がうかがえるのだが、それは記事がのった景行天皇条は日本武尊《やまとたけるのみこと》の熊襲《くまそ》襲撃と東征が大イベントになっていることと関係する。つまり、かたや熊襲系の隼人であり、かたや蝦夷という異民族に対する懐柔や征服戦争の文脈のなかでイレズミが語られている点に共通性をみいだせるのである。

次に、考古資料としての人物埴輪を検討する。

人物埴輪の顔の線刻はイレズミか

古墳時代の人物埴輪には、顔に線刻のあるものがあり、黥面埴輪と呼ばれている。線刻がイレズミか否か決着がつかないのにその名で呼ぶのははばかられるが、とりあえずその呼びかたにしたがっておく。

黥面埴輪の二類型

古墳文化を研究した小林行雄さんは、古墳時代のイレズミ実在説に対して、埴輪の顔面装飾から「しいてそれらしいものを探すなら、彩色ではなく、簡単な文様を線刻した」埴輪が候補にあげられるくらいだと、慎重な態度をとり深く掘りさげることはなかった。

その後、黥面埴輪の研究を深めたのが考古学の伊藤純さんである。伊藤さんは黥面埴輪を集めて分類し、顔の線刻に四つのパターンがあることを見出した。

A類（鼻上翼形）：鼻の上にひし形の線刻を入れる。
B類（顔面環状形）：顔のまわりに線刻を入れる。
C類（鼻上翼顔面環状形）：AとBがあわさったもの。
D類（頬ハの字形）：頬にハの字や縦の線刻を入れる。

伊藤さんはこれらがどのように分布しているのか調べた。そうしたところ、A類が近畿地方に六例、中国地方に一例、B類が近畿地方に二例、九州地方に一例、C類が近畿地方に八例、D類が関東地方に四例であり、A～C類とD類で著しい分布の違いのあることがわかり、近畿型と関東型を設定した（図30）。これらがいずれも男性であることを確認し、職掌《しょくしょう》がわかるのはほんのわずかだとことわったうえで、武人・力士・盾持人がかたどられていることも突きとめた。

この論文が出されてから三十五年ほどたち、類例もだいぶ増えたがその傾向性はかわらない。伊藤さんの分類にしたがい、その後加わった例を中心に近畿型と関東型黥面埴輪の傾向をそれぞれ再検討することにしよう。

近畿型黥面埴輪

まず、出現の時期であるが、すでに紹介した茅原大墓《ちはらおおはか》古墳の盾持人埴輪が四世紀にさかのぼるが、多くは五世紀後半～六世紀前半である。

性別に関しては、男性中心の傾向は動かないどころかますます強まっている。ただ一例、石川県小松市の矢田野エジリ古墳出土の巫女《みこ》の埴輪は顔に線刻がある。しかしこの場合も古代日本に認められる巫覡《ふげき》—男巫《おとこかんなぎ》の可能性もあるので、明確に女性といえる黥面埴輪はないといってよい。

職掌については、武人や武器・武具をもつ埴輪、とくに盾持人埴輪の類例が非常に多くなっている。さらに注目したいのは馬曳《うまひき》の埴輪が増している点である。なぜ馬曳とわかるかというと、馬の埴輪と並んで出土することに加えて飼葉を刈る鎌を腰に差し片腕をあげてたずなをひくさまをかたどっているからである。大阪府高槻市今城塚古墳から出土した黥面埴輪は鷹匠《たかしょう》の可能性がある。琴をひく埴輪にも黥面埴輪が加わった。

身分的な区別はどうだろうか。右にあげた職掌からするといずれも貴人とはいいがたい。なかでも動物にかかわる職掌は、非自由人の可能性のある下層階級である。力士や琴ひきにしても王権や権力者に奉仕をする人々であった。そして古代の考古学を専門としていた森浩一さんが力士の埴輪を取りあげて指摘したように、それらの芸能にかかわる人々の埴輪は、隼人系の埴輪として区分することができるかもしれない。

それに対して冠をかぶったり腰に立派な帯をつけたような、あるいは椅子に座った支配

図30　近畿型と関東型の黥面埴輪

図30-1　近畿型黥面埴輪
（長原45号墳出土，大阪市文化財協会所蔵）

図30-2　近畿型黥面埴輪
（四条1号墳出土，奈良県立橿原考古学研究所附属博物館所蔵，梅原章一撮影）

図30-3　近畿型黥面埴輪
（笹鉾山2号墳出土，田原本町教育委員会所蔵）

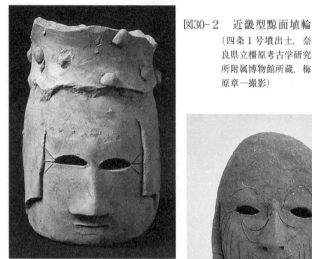

図30-4　近畿型黥面埴輪（石見遺跡出土，奈良県立橿原考古学研究所附属博物館所蔵，梅原章一撮影）

図30-5　関東型黥面埴輪（埼玉古墳群稲荷山古墳出土，埼玉県立さきたま史跡の博物館所蔵）

図30-6　関東型黥面埴輪（井手挟3号墳出土，上淀白鳳の丘展示館所蔵）

者層に黥面はいっさい認められない。ただし、甲冑に身をかためた人物には、それなりの地位についたものもあったとみるべきだろう。

分布の点では、関東地方にも埼玉県さいたま市宮下出土埴輪のように近畿型が認められないことはないが、近畿型が畿内地方を中心とした近畿地方に主体をなす点は動かない。

伊藤さんがおこなった近畿型黥面の線刻パターンの分析で、その後判明したことを二つばかり述べておく。まず、大阪市長原45号墳から出土した武人埴輪は五世紀にさかのぼる資料であり、何本かの弧線が目の縁から噴水のように描かれている（図30－1）。奈良県橿原市四条1号墳出土埴輪も、直線的であるが三本の線を目尻に入れている（図30－2）。この線刻は、亀塚例など三世紀の黥面絵画のいちばん大きな特徴であった。

鼻上翼形の線刻は、奈良県田原本町笹鉾山2号墳出土馬曳埴輪のように、目の上の弧線と連結していたと思わせる描きかたをするのが古い（図30－3）。いずれも目尻や目のまわりなど、目にかかわる線刻という特徴をもつ。

関東型黥面埴輪

関東型黥面埴輪は近畿型にくらべてそれほどの数はない。四世紀から五世紀前半にさかのぼる事例はなく、辛亥《しんがい》年の銘がある鉄剣が出土したことで一躍有名になった埼玉県行田市稲荷山古墳から出土した黥面埴輪の年代、すなわち五世紀後半がいまのところもっとも古い（図30―5）。おそらく盾持人埴輪であろう。

群馬県太田市塚廻り1号墳の盾持人黥面埴輪は頭が筒状にひょろ長い。顔にはハの字に線刻が加えられる。これらをはじめとして関東地方の黥面埴輪は盾持人埴輪が圧倒的に多く、近畿地方のように種類のバリエーションが豊富ではない。

鳥取県米子市井出《いで》挟《ばさみ》3号墳から並んで出土した盾持人の黥面埴輪は、頬にハの字の線刻をもつ（図30―6）。線は波打っていて関東地方ではみあたらない方式に変化しているが、関東型の仲間であるのは間違いない。

記紀と埴輪の比較

以上、黥面埴輪を近畿型と関東型に分けてみてきた。記紀の黥面の記述との間に著しい類似のあることに気づかれたことと思う。いくつかの項目を一覧表にまとめたが（表1）、それにもとづいて整理しておく。

①　時代　記紀は神武天皇から雄略天皇にいたる五世紀後半までの記述であり、黥面埴輪は四～六世紀とほぼ合致している。

②　地域　記紀は畿内地方と東国で内容を異にしており、黥面埴輪も近畿型と関東型に分かれる。

③　イレズミの特徴　記紀の黥面は利目や阿曇目のように目とかかわるのを特徴とする

表1　記紀の黥面文身と近畿・関東地方の黥面埴輪の特徴比較

	時代	地域	イレズミの特徴	性別	地位・職掌	氏族・出自	性格	罪・罰
記紀	神武天皇		黥ける利目	男性	命	久米		
	履中天皇（五世紀）		阿曇目	男性	連	阿曇		陰謀反逆・墨刑
	履中天皇（五世紀）	河内（大阪） 淡路（兵庫）	黥（めさきのきず）	男性	飼部（馬飼）		臭い	
	安康天皇（五世紀）	山代（京都）	黥面	男性	猪甘			略奪
	雄略天皇（五世紀）	菟田（奈良）	黥面（おもてをきざむ）	男性	鳥養部			失態
	景行天皇（四世紀）	東国	文身	男性 女性		蝦夷	勇猛	
黥面埴輪	五～六世紀	近畿	目を取り巻く 目の下 目尻 鼻の上 顔面環状	男性	武人 盾持 馬曳 鷹匠？ 力士 琴弾	隼人系		
	五～六世紀	関東	頬にハの字	男性	盾持			

のに対して、近畿型の黥面埴輪は目尻や目のまわりを取り巻く線刻が古相をなしていたと推測される。

④ 性別　いずれも男性を中心とするが、文献は東国では女性も文身をしていたと記す。

⑤ 地位・職掌　いずれも下層階級の人々が多く、馬飼・馬曳が両者に共通する。ある程度の地位にいる武人は黥面埴輪にあり、部族の長は記紀にみえるが、埴輪にも記紀にも貴人・支配者はいない。

⑥ 氏族　芸能にたずさわる埴輪をのちの隼人系の人々としてよければ、記紀の黥面も阿曇や久米など隼人系の海人集団にみられ一致する。隼人系の近畿型に対して、それと種類が違う黥面埴輪関東型が関東地方に分布しており、記紀では東国の文身は蝦夷の習俗とされる。つまりイレズミが政権にとって異種族の習慣であったことは、記紀と黥面埴輪のいずれからもうかがえる。

このように、記紀と黥面埴輪の間には各項目でことごとく一致や類似が認められる。すでに伊藤さんが注目されていたことであり、四半世紀以上すぎて資料が増加しても矛盾がないどころかますます記紀のイレズミの記述と黥面埴輪の相関関係はたしかなものになっている。

黥面埴輪がつくられたのは四～六世紀であり、記紀がつくられたのは八世紀と少なくとも二百年もの開きがあるが、それを感じさせない。埴輪が記紀にこのように書かれることを予測してつくられたことはありえないし、記紀の編集が二百年前の黥面埴輪の特徴を熟知していて書いたはずはない。記紀の首尾一貫した内容と黥面埴輪の特徴との相関関係は、記紀の黥面の記述が空想上のものではないことと、黥面埴輪の線刻がイレズミであることをお互いに証明しているのである。

イレズミと中華思想

それでは三世紀の黥面絵画はイレズミとみてよいのだろうか。その手がかりとなるのは、三世紀の黥面絵画と五～六世紀の近畿型および関東型黥面埴輪の線刻様式の系譜的なつながりである。

黥面埴輪と黥面絵画のつながり

三世紀の黥面絵画と近畿型黥面埴輪に共通する特徴は、目尻から出た弧線であった。長原45号墳の近畿型黥面埴輪の線刻は多重であることも含めて黥面絵画の線刻を踏襲しているのはあきらかだ（図30－1）。

関東型の黥面絵画は三世紀に東海地方から伝わった様式であることを本章の第一節で述べた。それを引きついだのが頬にハの字の線刻による関東型黥面埴輪である。したがって、すくなくとも絵画のうえでは東西で黥面絵画の様式が黥面埴輪に引きつがれていったことがわかる。

イレズミは激しい痛みをともなう施術によっておこなわれるのであり、よほどのことがないと発生しない身体装飾である。かりに三世紀の黥面絵画が顔に色を塗っただけの化粧を表現したものであったとしよう。それが百〜二百年のちに痛みをともなうイレズミに変化したというのは、その逆であればまだしもおよそ理解しがたい。三世紀の黥面絵画は、実際のイレズミを表現したとみてよい。

正しかった『魏志』倭人伝

したがって『魏志』倭人伝の黥面文身の記述は、使者が実際にみたことを記録している可能性が高いことになる。

文化人類学の大林太良《おおばやしたりよう》さんは『邪馬台国―入墨とポンチョと卑弥呼』という本のなかで『魏志』倭人伝を民俗学的な視点から分析して、古代の日本のイレズミは中国の南部から伝わったと考えた。しかし、黥面に限っていえば縄文時代から継承された習俗であった。縄文時代に中国江南地方との交流は考えがたいから、イレズミはおそらく自生した習俗であろう。

これまで、『魏志』倭人伝のなかでも風俗の記事には疑わしい部分が多いとされ、とくにイレズミの記述がやり玉にあげられてきた。それは、夏后少康の子が会稽に封ぜられたといった記述や倭人ははだしで歩いているといった記述に対して、倭国が中国の南方、江南地方と緯度がおなじような位置にあるという錯誤から風俗もそれにあわせて南方風に記載されたのではないかと考えられたからである。とくにイレズミは江南地方の風習として、中国の古代の文献にしばしば目にすることができるので、それを引き写したというのである。

佐原真さんは、弥生時代の考古遺物を倭人伝の記述と丹念に比較した。その結果、多くの遺物に倭人伝の記述の真実性を確認した。たとえば倭人は弓の下のほうを握っていると倭人伝にあるが、銅鐸に描いた狩人はまさに上長下短の弓を使っている。また、豹《ひょう》や虎に加えて牛や馬はいなかったと書いてあるが、弥生時代の遺跡から牛や馬の骨がみつかったためしはない。イレズミもまたこうした伝聞が実際のものだった可能性を高める一つに数えることができるのである。

黥面絵画の奇妙な分布の謎解き

そこでイレズミの実在を前提として、黥面絵画の不思議な分布がいったいなにを示しているのかという疑問に回答してみたい。不思議な分布とは、近畿地方の空白である（図29）。

三十年にわたり、その両隣りの地域で資料が増えているのに近畿地方でその様子がみえないこと、つまり三世紀に近畿地方では黥面絵画が描かれなかったことからすれば、近畿地方は三世紀にイレズミの習慣を捨てていた可能性が高い。これはどういうことなのだろうか。

ヒントはイレズミをしている人々に対する記紀のまなざしにある。それは差別意識である。記紀の記述ではイレズミをしている人々は下層階級に多く、また隼人系や蝦夷《えみし》といった政権にとって厄介な異種族の習慣としてイレズミをとらえている。さらに、イレズミが罪に対する罰として位置づけられている。

儒教の国中国では、親からもらった肉体に傷をつけることがとても罪深いこととととらえられていた。中国でイレズミは墨刑《ぼくけい》というたいへん重い刑罰の肉刑の一つであり、墨刑は遅くとも漢代には成立していた。日本列島で律令期に墨刑が実際の制度として取り入れられたか否かはむずかしい問題だが、記紀の記述が中国の制度を反映させて生まれたのはたしかだろう。

倭は一世紀に後漢の光武帝との間に冊封《さくほう》関係をむすぶが、三世紀の三国時代になると邪馬台国が魏とよしみを通じるようになった。奈良県纒向《まきむく》遺跡に方相氏《ほうそうし》の三点セットが出土するようになるのも、中国との関係が深まったからであり、そこにイレズミを悪習として遠ざけるきっかけがあったのではないだろうか。

日本古代の中華思想

漢代の画像石《がぞうせき》に、「胡奴門《こどもん》」というおもしろい絵柄がある（図31）。左手に斧をもち右手にほうきを逆さにたててもつ。人物像の右上に胡奴門と彫ってあるので門番だとわかる。人物のほおには、○印のイレズミがある。胡と奴はいずれも中国中原の周辺に広がる蛮族であった。周辺地域の異民族のおそろしい力を借りて都を守らせたのであり、イレズミも蛮族の習慣ではあるが敵を退散させる点をかわれたのだろう。

ほうきを逆さにたてるのは、辟邪《へきじゃ》の行為である。江戸時代の錦絵にほうきを逆さにたてて手ぬぐいをかぶせて女性がもっている絵があり、漫画『サザエさん』にも波平のところ

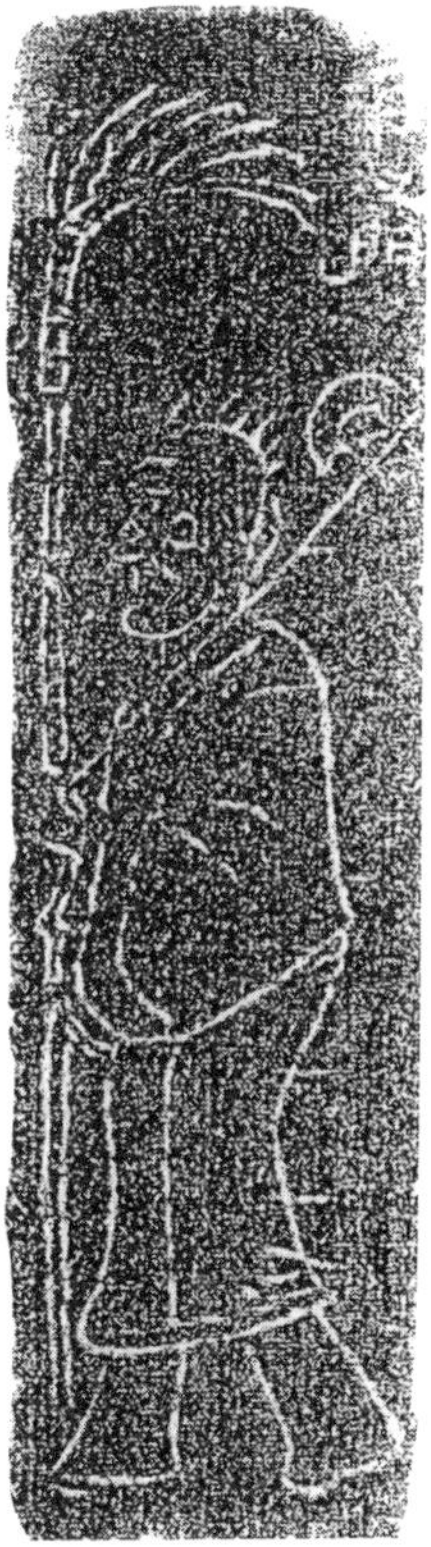

図31　胡奴門が描かれた画像石

を訪ねて一杯やっている長尻の客に対して、ふすまの向こうでふねがこの仕草をして早く帰れと念じているシーンがある。一九五〇年代の新聞四コマ漫画だから、このころまで漢代の習慣が日本に残っていたのだ。

中国ではみずからを中心に世界が秩序立てられているとする中華思想にもとづいて、中国の天子は周辺の族長との間に朝貢《ちょうこう》関係によって君臣関係を結ぶ冊封体制を漢代から敷いた。そのとき、周辺諸民族を蛮族として差別化をはかったわけだが、その構図は大和地方を中心として東西に熊襲／隼人、蝦夷という異種族を位置づけた古墳時代から律令期の政策と重なりあう。

黥面絵画の奇妙な分布からみえてきたのは、次のような古代日本の政治史である。三世紀の近畿地方で吉備地方や濃尾地方など周辺の列強に先駆けてイレズミの風習が撤廃されたのは、漢代以来の中国の制度や方針を鋭敏にとらえていたからだろう。古墳時代になるとヤマト政権がイレズミを蛮族の風習と位置づけて異民族支配の論理として使うようになり、律令期に差別意識を強めるかたちで引きついだ。その過程が、三世紀の黥面絵画の分布―五世紀の黥面埴輪―八世紀の記紀の黥面文身の記述にうつしだされているのではないだろうか。

それでは三世紀に近畿地方から一掃されたはずのイレズミが、四〜五世紀になると黥面埴輪の分布によって復活したようにみえるのはなぜだろうか。それを考える前に、黥面絵画の成立からの変化をたどって近畿型黥面埴輪の出自を考える手がかりを得ておこう。

イレズミの遡源と展開

イレズミの変化を追う

近畿型黥面埴輪のモチーフをどんどんさかのぼってみよう。検討材料は、古いほうから、①縄文時代晩期終末（紀元前七世紀ころ）の千葉県四街道市池花南遺跡出土土偶、②弥生時代前期（紀元前五世紀ころ）の岡山市田《た》益《ま》田《す》中遺跡出土人面付土器、③弥生時代中期（紀元前一世紀）の島根県雲南市加茂岩倉遺跡出土銅鐸絵画、④弥生時代後期前半（一～二世紀）の福岡県北九州市上《じょう》鑵《かん》子《す》遺跡出土木製板、そして⑤弥生時代終末（三世紀）の愛知県亀塚遺跡出土黥面絵画土器である（図32）。

①は次の章で扱う黥面土偶であるが、多条の線刻をまぶたの輪郭に沿うようにカーブさせて目の下に描いている。②の線刻はおなじようにカーブを描くが、内側の線は目を取り

①

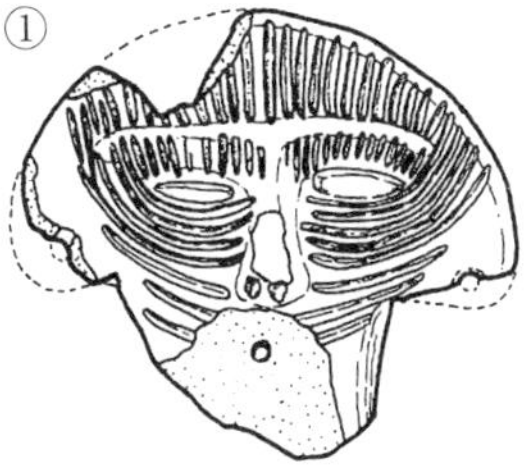

縄文時代晩期（紀元前700～前600年：千葉・池花南）

②

弥生時代前期（紀元前約400年：岡山・田益田中）

③

弥生時代中期後半（紀元前1世紀：島根・加茂岩倉）

④

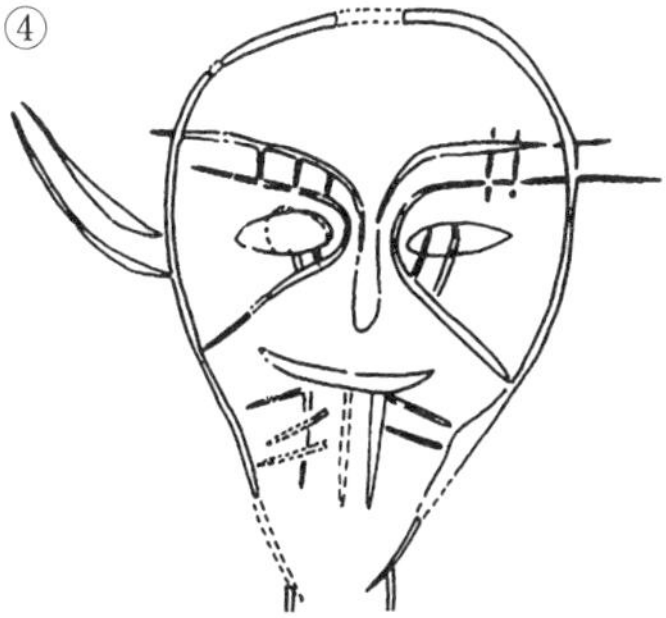

弥生時代後期（紀元１～２世紀：福岡・上鑵子）

⑤

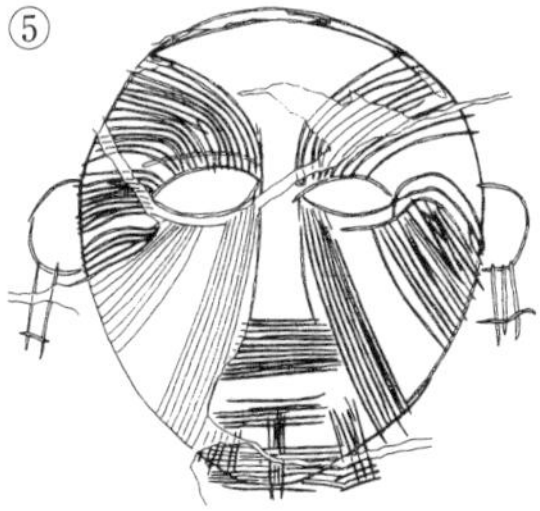

弥生時代終末期（紀元３世紀：愛知・亀塚）

⑥

古墳時代中期（紀元５世紀：大阪・長原）

図32　黥面絵画様式の変遷（筆者作成）

巻いているようだ。口もとの線刻は縄文時代晩期の東日本によくある線刻パターンで、この遺物が縄文文化を継承していることを示す。③は三十九個もの銅鐸が出土した加茂岩倉遺跡出土29号銅鐸に描かれた黥面であり、眉と目の間の弧線が鼻の脇でわずかに途切れるものの連続してカーブを描きつつ頰から目尻に向かう。④は眉と目の間の線刻は引きつがれるが、それに続く頰の線刻は直線的に斜め下へとおりていく。⑤の亀塚例はこの様式を継承して眉の部分をつらぬくように変化した。④と⑤はあごにほどこされた線刻からもその系譜関係を追うことができる。

このように、黥面絵画は前後の絵画の間にどこか共通点をもちながら変化していることがわかる。共通点は、①と②の目の下の線のカーブ、②と③の目を取り巻く線、③と④の眉と目の間の線、④と⑤の頰のハの字とあごの線である。したがって、これらの間には系統的なつながりを認めてよい。前節とおなじ論法でいけば、縄文時代の黥面土偶は実際のイレズミを表現したとみるのが妥当だろう。三世紀の黥面絵画の祖形は、縄文時代の土偶に求められるのである。

目を囲む黥面の残存

黥面埴輪の近畿型にはバリエーションがあることを本章の第三節で指摘した。奈良県笹鉾山2号墳出土埴輪（図30－3）のように目を取り巻く線刻から鼻の上の線刻が分離するようになり、やがて奈良県桜井市石見《いわみ》古墳出土埴輪（図30－4）のように完全に独立して鼻上翼形が完成するのであろう。

笹鉾山2号墳例は、右に述べた黥面絵画の変化過程の③、すなわち紀元前一世紀の黥面にもっとも近い。近畿型黥面埴輪のもっとも古いタイプでも五世紀はさかのぼらないので、この年代の開きはどのように理解すればよいのだろうか。

この謎を解くカギは、宮崎県域にある。宮崎市下郷遺跡から黥面の絵画を描いた土器が出土した（図33）。下郷遺跡は④の上鑵子遺跡とおなじ弥生時代後期の遺跡であり、鼻から頬のハの字の弧線は上鑵子タイプと共通するが、吊りあがった目を囲んだ半月形の線刻がほどこされている。最終章で述べるように、縄文時代以来の目を囲む線刻が弥生時代中期のうちに衰退するのはほぼ全国的な傾向であるが、宮崎県域には弥生時代後期まで残っていたことがわかる。

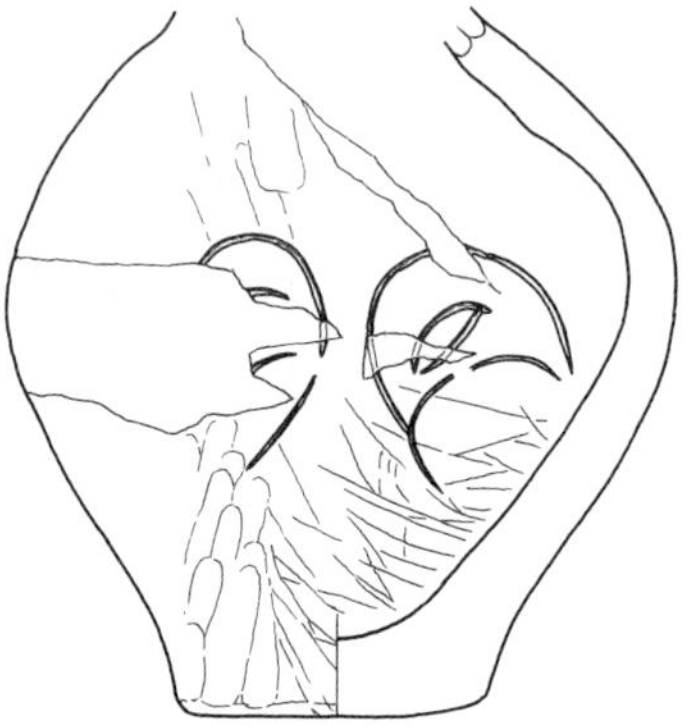

図33　黥面絵画土器（下郷遺跡出土，筆者作成）

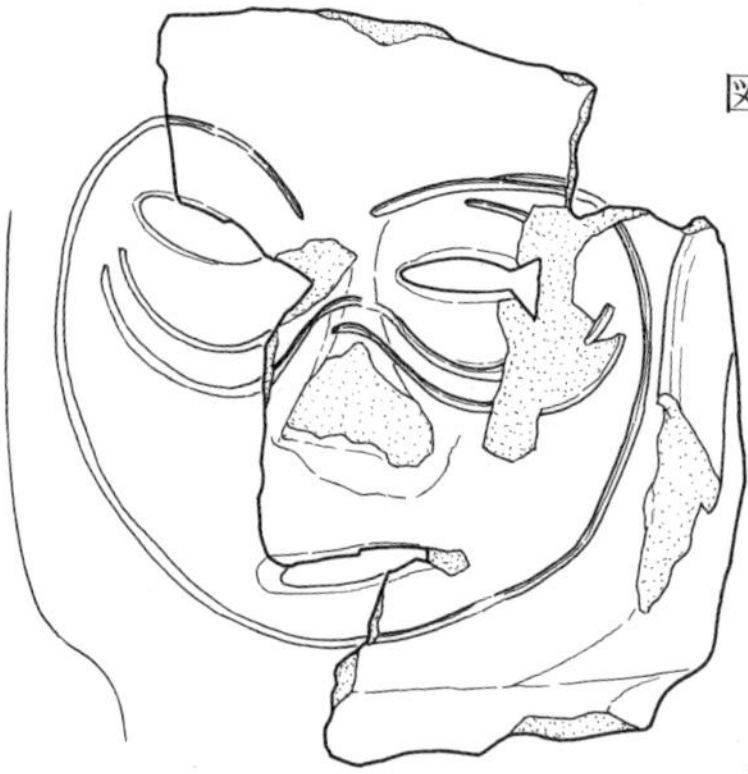

図34　黥面埴輪（上）と盾持人埴輪（百足塚古墳出土，筆者作成）

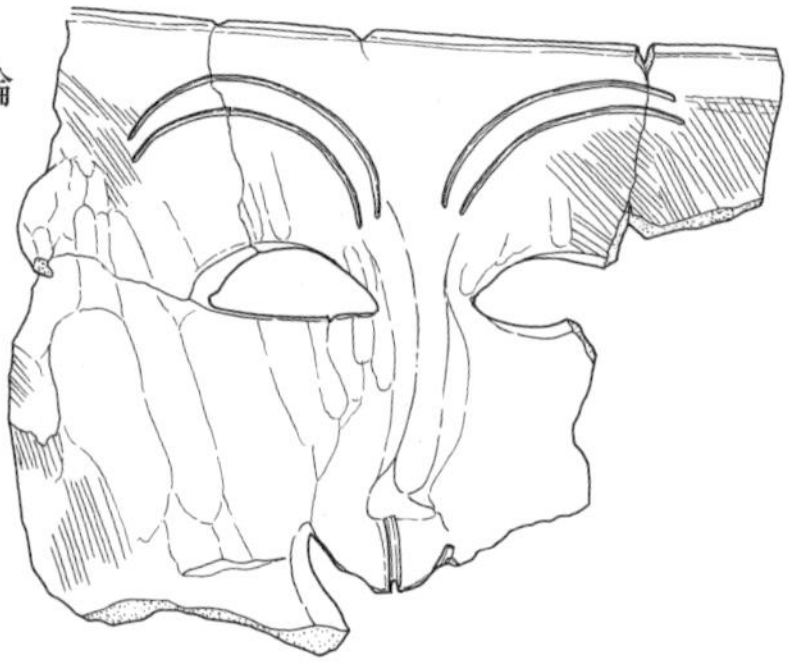

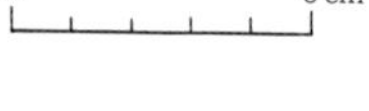

近畿地方の黥面の復活

宮崎県新富町百足塚《むかでづか》古墳は五世紀の前方後円墳である。ここから出土した黥面埴輪は近畿型の部類だが、目の下にまぶたの輪郭に沿って二条の線刻が加えられそれらが左右で連結する様式である（図34）。これは、むしろ縄文時代の黥面土偶に近い。そこまで古くなくとも紀元前一世紀、弥生時代中期の様式を温存している。

つまり、宮崎県域など南九州には弥生時代後期にまで古い様式の黥面絵画が残っていて、それが近畿型黥面埴輪の古いタイプの黥面様式を生み出したのではないだろうか。

近畿型黥面埴輪に、芸能にかかわる隼人系につながる種族の人々がいた。記紀に出てくる黥面の人々のなかには隼人系の種族がいたこともみてきた。五世紀の畿内地方には王権に奉仕するなどの目的で南九州から隼人系の先祖の種族が番上したであろう。かれらは顔にイレズミをしており、王権とその周辺でかれらの姿を表現したのが近畿型黥面埴輪ではなかったろうか。

紀元一世紀以来、絶えてみることのなかった近畿地方の四～五世紀の黥面の復活には、そのような歴史があったと考えたい。

縄文土偶の顔

縄文人の通過儀礼

日本先住民論争と土偶

縄文時代の土偶《どぐう》は明治時代から研究の対象にされ、いろいろな名前がつけられてきたが、その名の多くは今日まで引きつがれている。その一つが「有髯《ゆうぜん》土偶」であり、顔に複雑な線刻のある土偶につけられた。髯は頬のひげのことである。有髯土偶は一九〇四年（明治三七）の論文にはじめて登場するが、おなじ年に命名されたのが「黥面《げいめん》土偶」である。一つの土偶が二つの名前をもつことになったが、どちらがふさわしいだろうか。

のちに述べるように、明確に男性を表現した縄文時代の土偶はほとんどない。したがって、ひげをあらわす有髯という用語は縄文土偶にはふさわしくない。また、黥面土偶の線刻がイレズミの表現であることはすでに論証したところである。有髯土偶は黥面土偶と呼ぶのが適切であろう。

明治時代は、日本の石器時代人がアイヌ民族なのか、アイヌ民族にイレズミを伝えたという伝承のなかのコロボックルかという、いわゆる人種論的な先住民論争がさかんにおこなわれた。アイヌ説を立てたのは植物学の白井光太郎《みつたろう》さんであり、形質人類学の小金井良《よし》精《きよ》さんがそれを引きついだ。コロボックル説によってそれに応戦したのは日本に初めて人類学の学会をつくり、考古学の研究を軌道にのせた考古学・人類学研究者、坪井正五郎《しょうごろう》さんである。

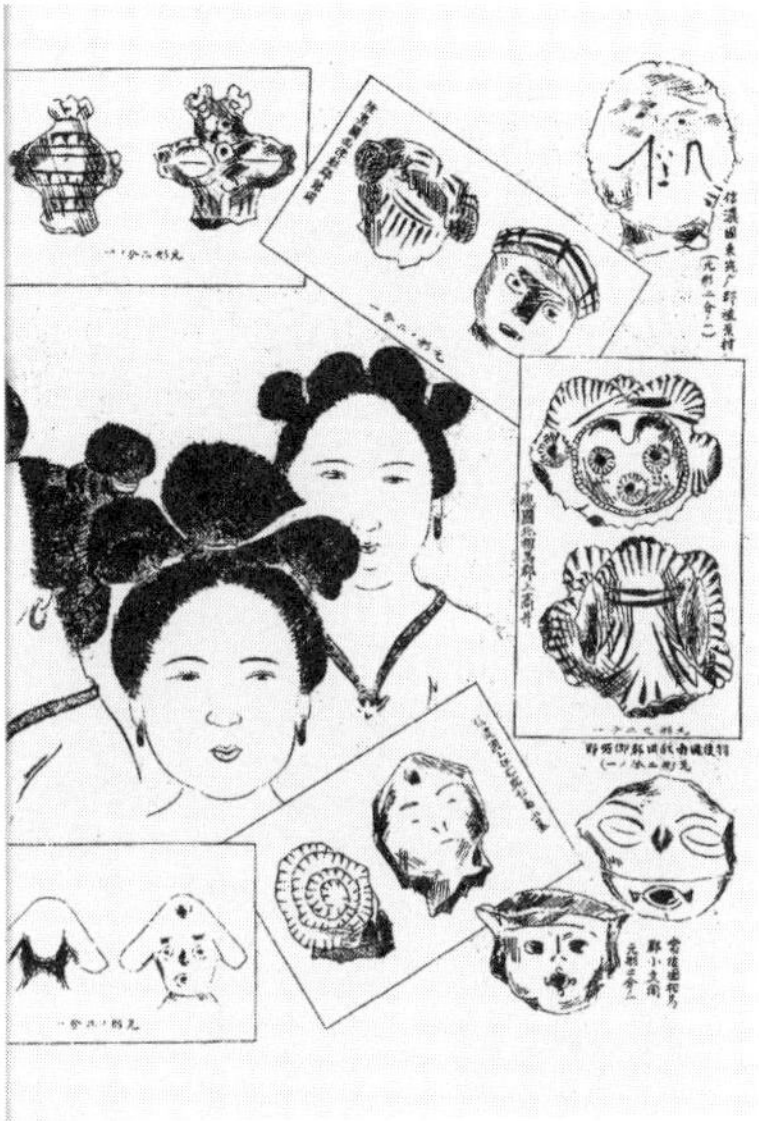

図35　土偶風俗絵（『風俗画報』90より）

この論争に一役買ったのが土偶であった。有髯土偶はひげが濃い人を、黥面土偶はイレズミをした人をかたどったのだとして、それを日本の先住民の特徴とくらべる方法がとられ、前者は石器時代人がアイヌ民族であることの、後者はコロボックルであることの根拠とされた。

坪井さんは率先して土偶の装飾から当時の人々の髪形、服飾や習俗を類推して、画家にそれらを再現した絵を描かせた。神話に登場する神や人たちを描いた絵と共通したいでたちの、明治という時代を感じさせる絵はアイヌ・コロボックル論争を象徴する絵画として深い印象を人々に残したのである（図35）。

土偶風俗論批判

大正年間から昭和にかけて、先史考古学を取り巻く学問は科学的な色彩を強めていった。形質人類学においてアイヌ・コロボックル論争のような印象論的な議論から、人骨の計測と統計的な処理によって導かれた確たる証拠を重視する自然科学的議論へと移りかわったのはそのよい例である。

次節で紹介するように、先史考古学では土器の編年研究推進者があらたな先史学的方法論を開拓していったが、その一翼をなした甲野勇さんは先史時代のイレズミの存在の動かぬ証拠はイレズミの遺体の発見であるとして、写実と装飾が混然とした土偶からそのまま当時の習慣や服装を再現する手法に釘をさした。この論理的な意見が浸透して、土偶から衣服や習俗を研究することがはばかられるようになった。

土偶の造形をいきなり先史・古代人の習慣や服装の表現とみなし、それを現代に生きる人々の習慣などに重ね合わせるのは、たしかに無茶だ。わたしなりにいろいろな根拠を示し、文献の力も借りてようやく黥面土偶の線刻がイレズミであるという結論にたどりついたのだが、別の角度からそれにせまった研究があるので、紹介しよう。

『縄文人の入墨』という本を書いた高山純さんが表題の追究におもに用いたのは、非文明社会の習慣を古い文化の参照枠とする〝民族考古学〟という方法であるが、土偶から追跡することにも力を注いだ。

ダブルハの字文と抜歯風習

高山さんは、土偶の文様のなかにイレズミらしき文様を認定するのはむずかしいとしながらも、認定のための必要条件を列挙して解決策を講じた。まず、写実的とみなしうる文様であり、おなじ文様が各地にみいだされ、髭《ひげ》と見間違えることなく、たんなる装飾文様ではないことである。民族例を頭に浮かべながら、その候補として両頰に二重の線でハの字状に描いた線刻、「ダブルハの字文」をあげた（図36）。

ダブルハの字文は縄文時代中期からみられ、後期・晩期と継承されて晩期終末に複雑化していく。したがって、ダブルハの字文はイレズミを実際に表現したもっとも古い様式だといってよい。

縄文時代に特有の風習としては、健康な歯を抜いてしまう抜歯《ばっし》がよく知られている（図

図36-2　ダブルハ字文の顔のある土器（鋳物師屋遺跡出土，南アルプス市教育委員会所蔵）

図36-1　ダブルハ字文の顔のある土器（大日野原遺跡出土，個人所蔵）

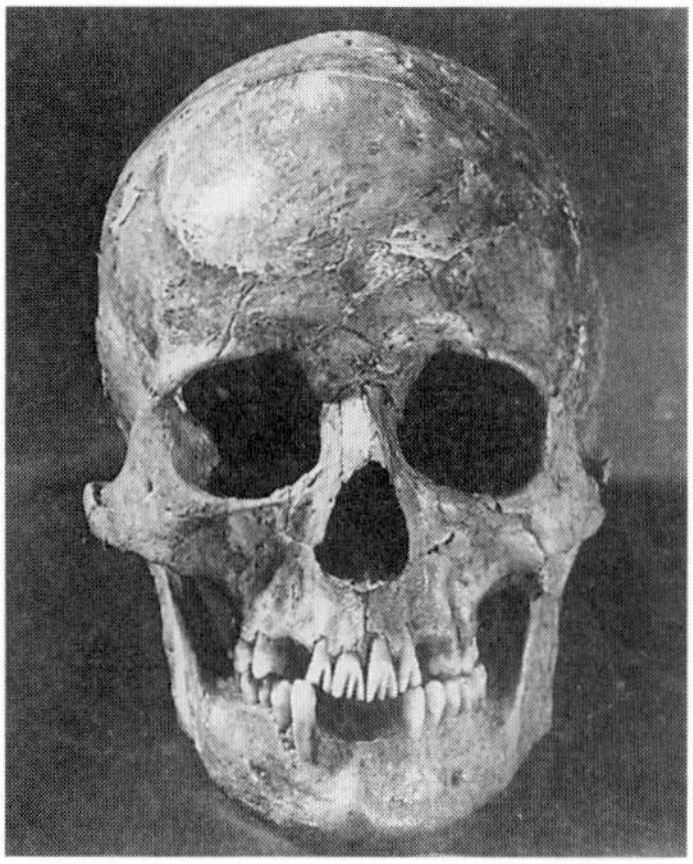

図37　抜歯人骨（伊川津貝塚出土，東京大学総合研究博物館所蔵）

37）。縄文時代の抜歯は晩期の東海地方や吉備地方で大流行したが、それらの人骨の推定年齢から抜歯された人骨でもっとも若いのは第二次性徴期をむかえた十四～十五歳であり、歯の抜きはじめは成人式とされている。

イレズミも抜歯も強烈な痛みをともなう身体毀損《きそん》の儀礼的な風習だが、縄文時代中期がイレズミと抜歯の定着期であった。縄文時代は旧石器時代以来の遊動的な生活が続いた早期を経て、前期になると定住性を高めて集落の規模は大きくなり人口も増えた。社会生活のさまざまなルールや近隣住民や遠隔の村々とのつきあいを円滑にするための決まりが厳しくなっていくなかで、社会における自己の位置づけを明確化する必要から生まれた儀礼がイレズミであり抜歯であった。

通過儀礼の役割

前章で、よろずの境界はまがまがしさに満ちていることをお話しした。このことを研究したのは社会人類学のロベール・エルツさんとファン・フェネップさんである。

エルツさんはカリマンタンのダヤク族の葬式を研究した。エルツさんはこの葬式が「肉体的な死」を出発点として、遺体の腐敗が進む「中間の時期」という死者の霊魂が生活空間にとどまって生者をおびやかす危機的な状況下で人々は喪に服し、完全に骨になるころの「最終の儀式」でこのおそろしい状態を脱して死者は他界に安住するという、三つの段階を踏んでいることをあきらかにした。

フェネップさんはこの三段階を分離期→過渡期→統合期ととらえ、ある状態からまったく違うあたらしい状態に移行するまでにおこなわれる儀礼の過程を通過儀礼と呼び、人生や社会のいろいろな場面で通過儀礼が営まれていることを体系的に論じた。エルツさんの分析にあったように、このうちの過渡期というどっちつかずの境界領域がとくに危険に満ちたものである。四つ辻や井戸などこの世とあの世の境界において人がいなくなったり妖怪があらわれるのも、そうした精神現象の反映だといってよい。

抜歯のような強烈な痛みを身体に刻みつけ、もう後戻りできない大人としての自覚をたたきこむのがこれら身体毀損をともなう通過儀礼を敷いていた伝統的社会の掟であり、祖先からつちかわれてきた社会安定のための仕組みであった。あいまいな過渡期が危険に満ちた期間であるという原則を適用すれば、縄文社会の子どもから大人への移行とその峻別はとりわけ厳しいものだったのだろう。

こうした風習およびそれを維持する先史社会は、かつては野蛮という目でみられていた。一方、文化人類学のクロード・レヴィ＝ストロースさんは、非文明社会の親族組織の構造や神話の分析によって、

豊かな複雑採集狩猟民と縄文社会

当時の人々の思考が野蛮なものではなく「野生の思考」と理解すべきことを説いた。先史学の分野では、採集狩猟民の見直しで画期的であったとされる一九六〇年のシンポジウム〝マン・ザ・ハンター〟において、人類先史学のマーシャル・サーリンズさんにより〝affluent foragers（裕福な採集狩猟民）〟の存在に目が向けられ、採集狩猟民は小さな集団によって移動を繰り返す貧しい人々だという烙印に待ったがかけられた。

〝complex hunter gatherers〟、すなわち複雑採集狩猟民という名で呼ばれる人々の社会は、アメリカ北西海岸のネイティブの間でも知られている。非農耕社会であるが文明社会と同様の人口密度や社会階層、外婚制にもとづく親族組織、食糧貯蔵の技術、財の贈与であるポトラッチという儀礼、すぐれた芸術をもつ複雑で裕福な採集狩猟民であるネイティブ・アメリカンの社会の構成要素は、全部ではないにしても東日本の成熟した縄文社会にあてはまる。

通過儀礼としてのイレズミや抜歯は、複雑化しつつある縄文時代の社会統合のための自

然法的な制度であった。

イレズミの条数の変化が意味するもの

縄文時代中期のダブルハの字文は、その名のとおり二条の線刻が基本である。ところが縄文時代晩期後半に東海地方から中部高地、関東地方でさかえた黥面土偶の線刻は、条数が増えてきわめて複雑になっている。条数の変化に、イレズミに対するどのような意識の変化が反映しているのだろうか。

縄文時代中期に抜歯が定着すると述べたが、そのころの抜歯はまだせいぜい一～二本ほど抜くにすぎなかった。ところが晩期になると、東海地方や瀬戸内地方では多いときには十四本も抜くようになった。成人式に上あごの犬歯《けんし》がまず抜かれ、そのあと下あごの犬歯ないしは切歯《せつし》を抜く二つの様式の段階があり、さらに犬歯と切歯の両方に及ぶ場合もあるように、人生の節目に応じて一生のうちに何回かの抜歯の機会があったようだ。

縄文時代晩期の終わりころになると、この複雑な抜歯が東海地方から中部高地地方や関東地方に広まった。縄文時代の終盤戦に通過儀礼が強化されたことを物語る以外の何物でもない。

先に述べたように、通過儀礼というのは社会のなかの組織の掟であり、組織を安定的に維持するための集団編成の一つの方法である。通過儀礼は厳格な社会で発達するという。それが強化されているということは、縄文時代の終わりころは組織を安定化させる努力の必要が高まっていたことになる。

およそ三千年前の縄文時代後期後半から晩期は、世界的な寒冷化の時代であったとされる。それが原因か否かさらに調べなくてはならないが、中部高地地方や関東地方の縄文集落は衰退の一途をたどり、縄文時代晩期も後半になると人口ゼロの地域が方々にあらわれた。〝あらゆる災難は、社会統制の強化をうながす〟という普遍的な原理からすると、イレズミや抜歯という通過儀礼の強化は危機的な状況の増幅に対する社会統制の儀礼が厳しくなったことを物語る。

土偶の誇張表現

関東地方では、縄文時代後期中ごろに頭が三角形をした山形《やまがた》土偶がつくられ、後期後半にみみずく土偶に変化していく。みみずく土偶は◎状の目と口と耳をつけたみみずくのような顔をしているのでこの名がある。

山形土偶からみみずく土偶へ

これらを古い順に並べてみると、四頭身から二頭身へどんどんと頭が大きくなっていく様子がわかる（図38）。漫画にもおなじ現象があり、ドラえもんやちびまる子ちゃんは回を重ねるごとに頭が大きくなっていく。それに対して、鉄人28号やキン肉マンなどシリアス系、格闘技系は逆に頭が小さくなっていく。各地のマスコット・キャラクター、いわゆる「ゆるキャラ」は総じて頭が大きい。そういう区分に照らせば、みみずく土偶のような茫洋としたどこか緊張感に欠けた土偶はゆるキャラ系といえよう。

縄文時代の土偶は、そのユーモラスな姿、緻密な装飾、意表をついた造形などから人気者で、昨今の土偶熱は小さな社会現象になっている。愛される秘密はゆるキャラ系だということにもあろうが、この興味尽きないテーマの考察は社会学者や心理学者にまかせて、もう一つ別の角度から土偶の頭が大きくなる現象の読み解きをしてみよう。

ふたたび土偶風俗論批判

佐原真《さはらまこと》さんと雑談をしていたときに、みみずく土偶の頭部の目の上の装飾（図38右6点）が櫛の表現であるとする研究に触れたとたん、「そんなこととわからへん。土器の装飾と同じや」と一蹴された覚えがある。土器の装飾を土偶にほどこしたかもしれないので、櫛の写しといえる根拠は薄弱だというのである。

昭和初期は山内清男《やまのうちすがお》さん、八幡《やわた》一郎さん、甲野勇さんといったいわゆる編年学派が台頭し、人種論的な先史学と決別した時代であった。

山内さんは縄文土器の型式細別編年を武器にして、鎌倉時代ころまで東北地方に生き残った石器時代の人々が記紀に出てくる蝦夷《えみし》であるという喜田貞吉《きたさだきち》さんの説をしりぞけて、

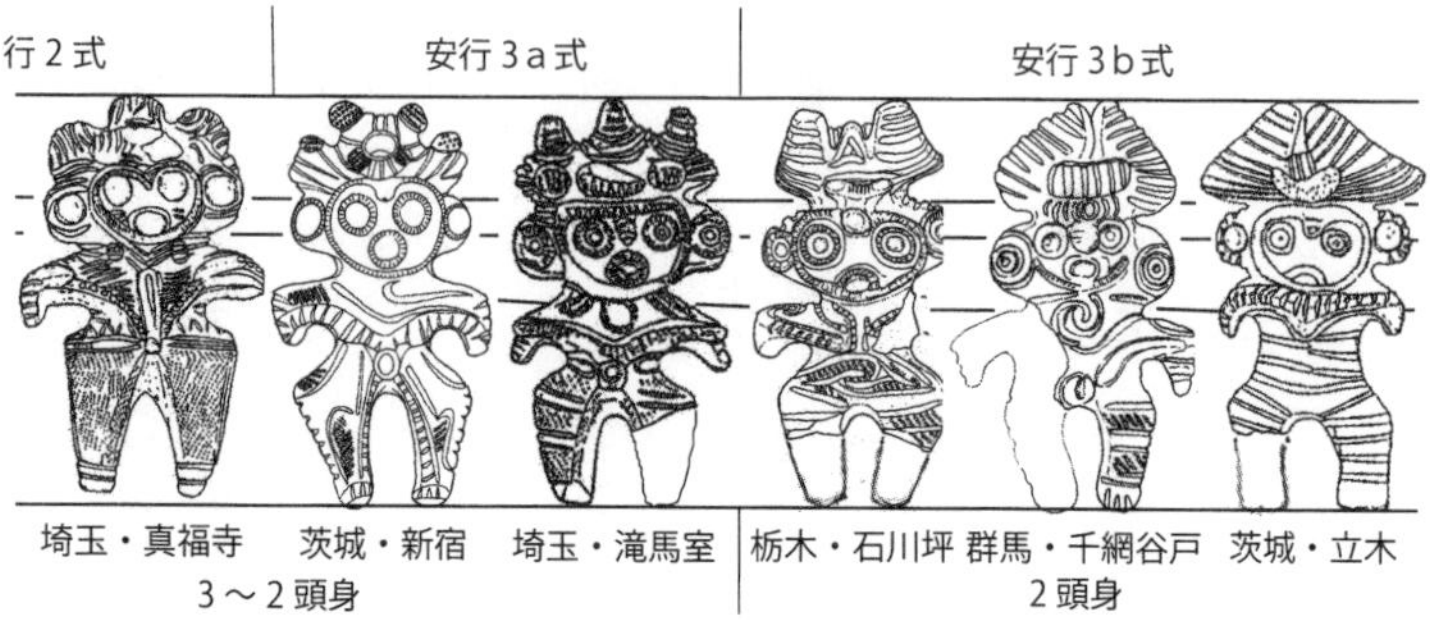

図38　山形土偶からみみずく土偶への変遷（筆者作成）

石器時代の終末は全国でさほど時期の差はないとした。その後、繰り返して喜田さんとの応酬があり、雑誌『ミネルヴァ』でたたかわされたこの論争は「ミネルヴァ論争」の名で呼ばれている。

また、文学者で考古学者の赤木清さんが雑誌『ひだびと』で投げかけた、考古学者は遺物の年代ばかり相手にしていないで機能や用途の解明にもっと取り組むべきではないかという問いに、八幡さんがそれは遺物の系統的関係の吟味、すなわち編年あっての話だとこたえた「ひだびと論争」、そして、土偶風俗論に対する甲野さんの主張のいずれもが、先史考古学のパラダイム転換としてその後の研究の方向性を決定づけた。山内さんの弟子であり、このパラダイム転換にしたがった佐原さんは甲野さんの主張を受け入れていたから、藤森栄一さんに対する先の発言につながったのだろう。

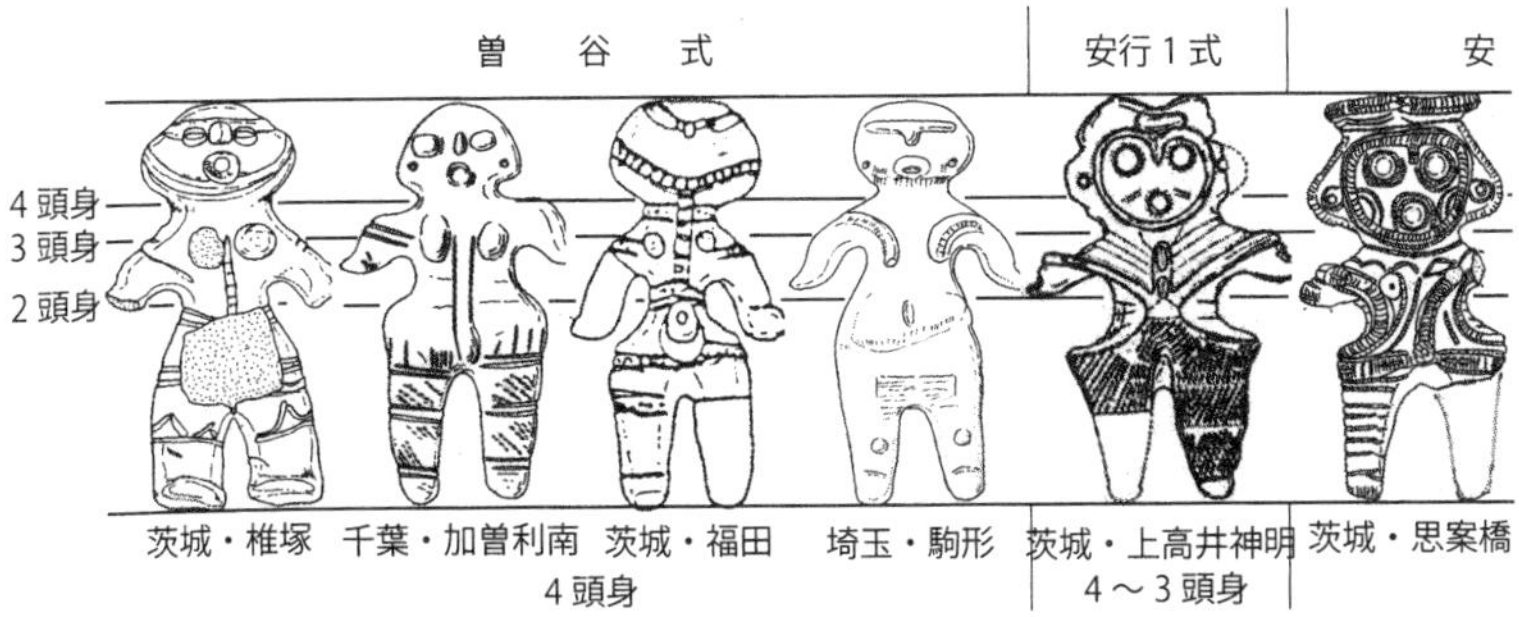

櫛と髪の誇張表現

土偶はデフォルメが著しいことからすれば、甲野さんの意見はもっともである。しかし、北海道函館市石倉貝塚の土偶をみれば、土偶から当時の服飾などを推定する方法のすべてを否定することができないことがよくわかる。

縦横に交差する線は、いわゆる編布（アンギン）を表現したものだろう。ツルツルした感じの胸と背の部分は、なめし皮の表現であり、編布と縫い合わせたような表現もみられる。くびと後頭部の装飾は、ことによるとタートルネックとフードをあらわしているのではないだろうか。寒い地方に住む縄文人は、それなりの装備をしていたのであろう（図39）。

みみずく土偶の額の突起は、やはり櫛を表現したとみるのが妥当であろう。というのも、みみずく土偶の頭に櫛状の表現がみられるようになるのは漆塗りの櫛が発達

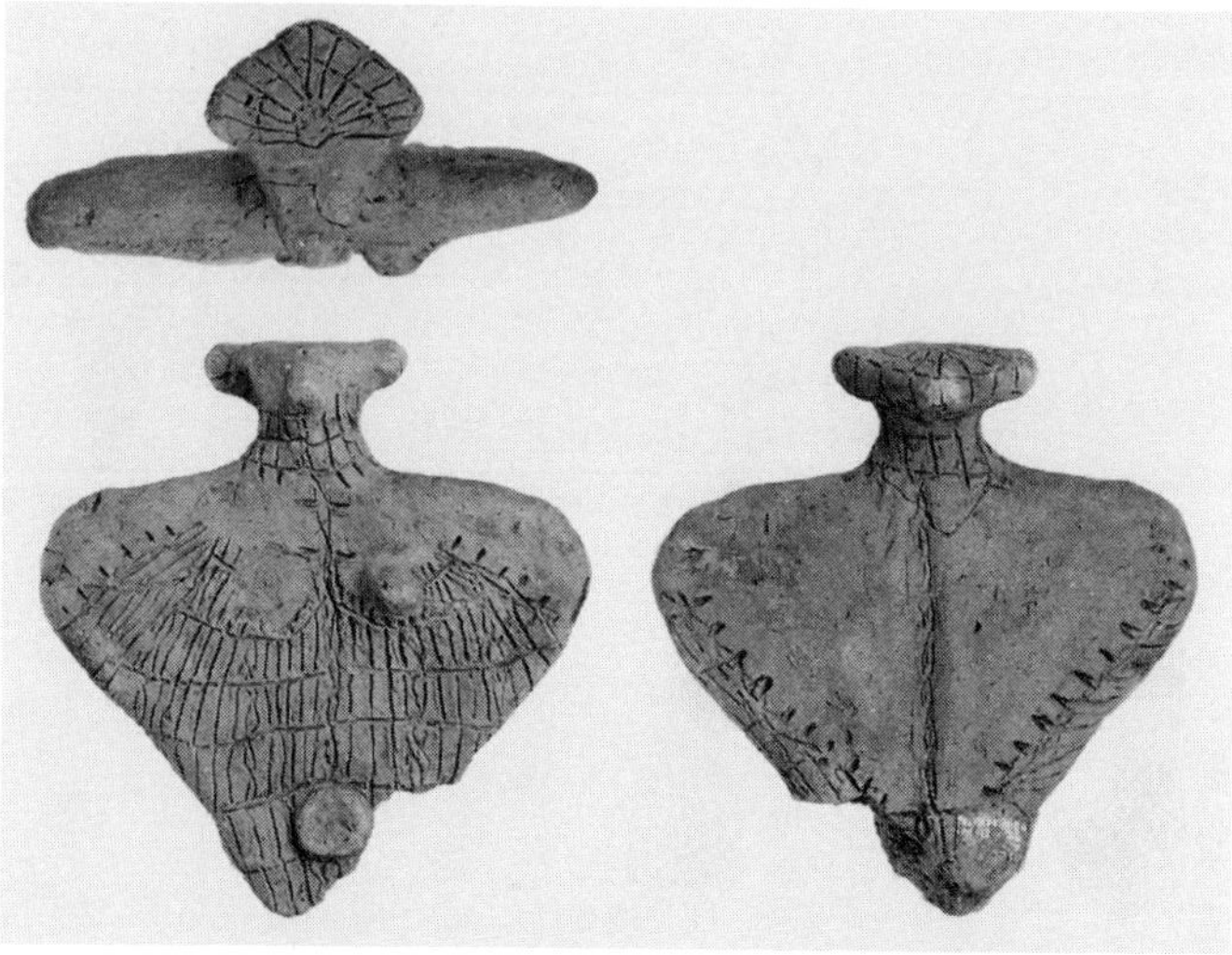

図39　当時の服飾が推定できる土偶（石倉貝塚出土，函館市教育委員会所蔵）

図40　漆塗りの櫛（カリンバ3遺跡出土，恵庭市教育委員会所蔵）

する縄文時代後期後半だからである。北海道恵庭市カリンバ３遺跡から出土した漆塗りの櫛は一人が二〜三本刺していたようで、埼玉県鴻巣市滝馬室遺跡例の額の三つの突起（図38）が櫛の表現である可能性を高めている。出土した櫛には上部がU字形に湾曲しているものが目につくが（図40）、栃木県宇都宮市石川坪遺跡の土偶の突起の形はそれをうつしたのであろう（図38）。

みみずく土偶の頭部の装飾で、櫛の表現とともに顕著なのが、頭頂部の装飾の発達である。縄文時代晩期になると王冠状に巨大化して頭部全体の二分の一を占めるようになる。中国貴州省を拠点とするミャオ族は頭に牛の角《つの》のような板をのせて、そこにみずからの髪とともに母や祖母、祖先の遺髪をまじえながら巻きつけて巨大化する習慣がある。身体の誇張表現が極端になった民族例であり、みみずく土偶の頭部の装飾を理解するうえで参考になる。

縄文人はなぜ巨大な耳飾りをつけたのか

櫛と髪がみみずく土偶頭部の巨大化の理由として考えられたが、もう一ヶ所注目したいのが耳である。櫛や髪とおなじく後期後半から晩期に土偶の耳のまるい装飾、すなわち耳飾りが大きくなっていく（図38）。

縄文人と耳飾り

縄文時代の耳飾りは石をみがいてつくった石製耳飾りと粘土を焼いてつくった土製耳飾り、あるいは椎骨《ついこつ》などを利用した耳飾りなどさまざまであるが、ここでは土製耳飾りを取りあげよう。土製耳飾りは臼状あるいは輪状の滑車形をなし、耳たぶにあけた孔にはめて飾りとしたが、なかには直径が十センチをこえるものもある。

明治時代、坪井正五郎さんはいまでは耳飾りとされる遺物を口唇具と考えた。ラブレッ

図41-1　口の両脇に三角形の線刻がある土偶（筆者作成）

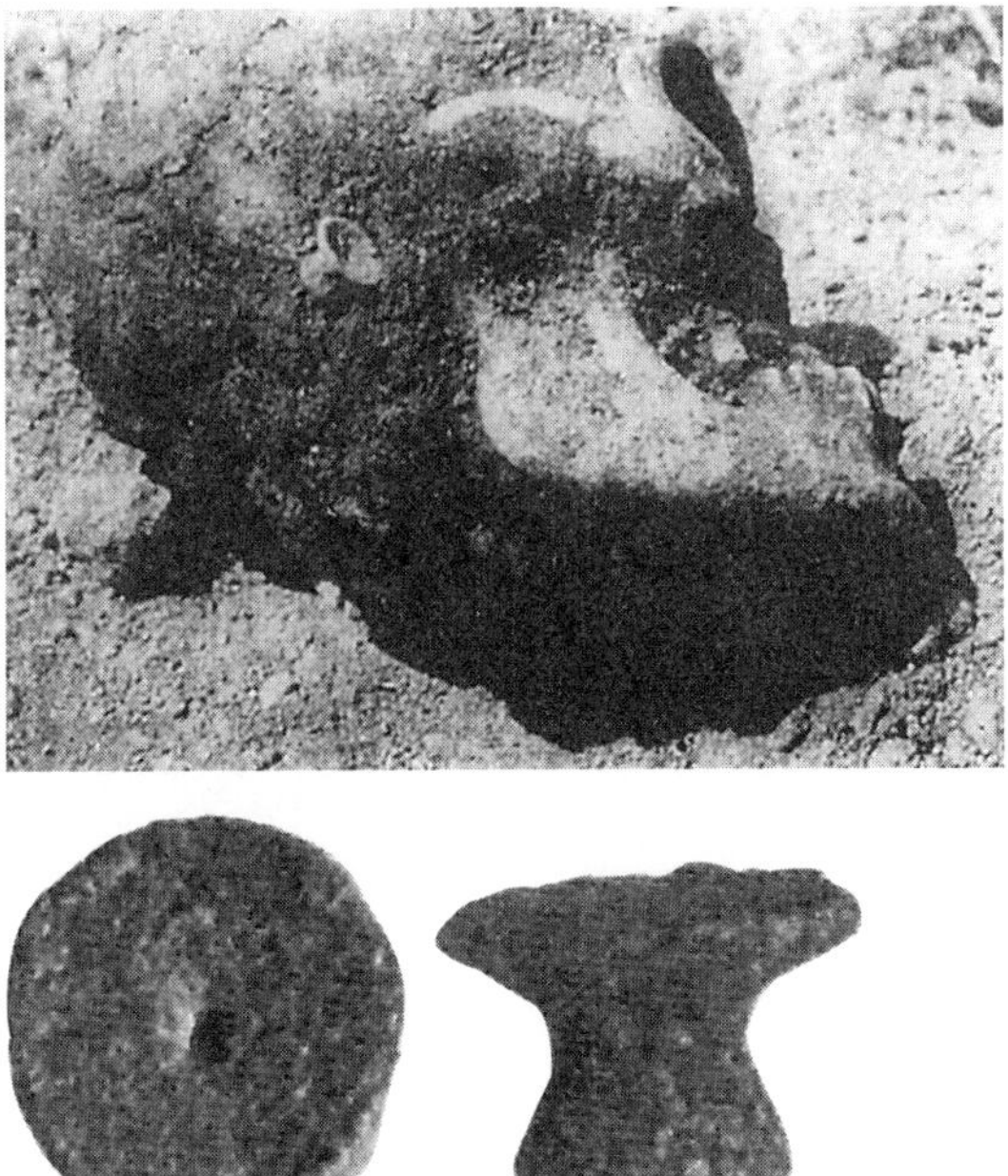

図41-2　耳飾り着装人骨と耳飾り（国府遺跡出土，京都大学総合博物館所蔵）

ト、すなわち口唇具はイヌイットやネイティブ・アメリカンが実際に身につけていた、唇の真ん中や両脇などに孔をあけてはめ込んだ装身具である。土偶の口の両脇に三角形の線刻があり、土製品の側面形がよく似ていることからの推定であった（図41－1）。しかし、大正年間に大阪府藤井寺市国府《こう》遺跡で人骨の耳のところからこれとおなじ形の土製品が出土したことにより、耳飾りと決した（図41－2）。

では、直径が十センチをこえるようなものがほんとうに耳飾りだったといってよいのだろうか。これも人骨の耳のところから出土したことで決着をみた。長野市宮崎遺跡の石棺墓から出土した人骨の耳のあたりでみつかった土製耳飾りは、直径が五センチほど、およそ八十グラムだからＬＬサイズの鶏《にわとり》の卵ほどの重さだった。

土製耳飾りは、縄文時代を通じてみられるわけではない。縄文時代は草創期、早期、前期、中期、後期、晩期の六つの時期に分けられ、はじまりはおよそ一万六千年前、終わりはおよそ二千九百年前である。土製耳飾りが生まれたのはおよそ八千年前、縄文時代早期の鹿児島県域である。直径が十センチをこす大きな滑車形耳飾りもつくられたので、装身具としてはずいぶん発達したといえるが、鬼界《きかい》カルデラの大爆発で地域は壊滅状態になり、この文化も消え去った。

土製耳飾りが復活するのはおよそ五千年前、縄文時代中期の関東、北陸、中部地方である。縄文時代も終わりに近づいたおよそ三千五百年前から三千年前の縄文時代後期後半から晩期にその地域で大流行し、一つの遺跡から数百、場合によってはおよそ二千五百個も出土する遺跡も出現した。バリエーションも豊かで、群馬県桐生市千網谷戸《ちあみがやと》遺跡の土製耳飾りのように、薄くていねいに仕上げられた透かし彫りのみごとな耳飾りもある（図42）。

いったいなぜこの地域で巨大な耳飾りをつける風習が流行したのだろうか、いろいろな装飾文様はなにを意味しているのか、そのなかに文様のまったくないものもあれば豪華なつくりのものもあるのはどういうことなのだろう。次から次へと疑問がわいてくる不思議な装身具である。

わたしがひろった耳飾り

わたしの生まれ故郷は群馬県前橋市である。赤城山のふもとには縄文時代の遺跡がひしめきあっており、おさないころから兄に連れられて遺跡で遺物を拾い集めた。それらの遺跡の一つが前橋市西新井遺跡という縄文時代後・晩期の遺跡であった。そのなかに滑車形の土製品がいくつもあり、縄文時代の子どもがころころと転がして遊んだ遊具ではないかなどと兄と想像していたが、あるとき近所にお住まいの考古学者、尾崎喜左雄《おざききさお》さんのお宅を遺物持参で訪れて教えを乞うたとこ

図42-1　耳飾り着装想像図（『図説検証原像日本』2より）

図42-2　透かし彫りのある土製耳飾り（千網谷戸遺跡出土，桐生市教育委員会所蔵）

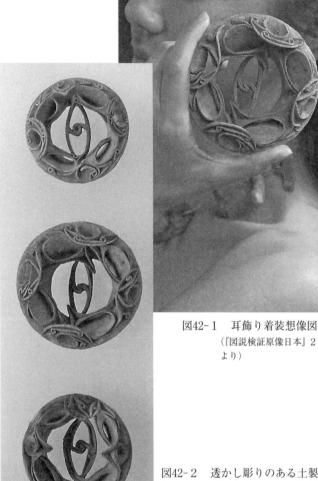

図43　土製耳飾り（西新井遺跡出土，筆者所蔵）

ろ、耳飾りとのことであった。

数年かけて拾い集めた西新井遺跡の耳飾りは百個以上にもなった（図43）。小さなもので直径が一センチ弱、大きなものでは六センチをこえるものがある。臼形や輪状の素環、そして、素環の内側にテラス状の張り出しやブリッジをつけた凝ったつくりの耳飾りもある。臼形には渦巻文や同心円文がつけられ、環状の耳飾りには三叉文という入り組んだ沈線文や雲形の彫刻がほどこされている。また、キノコのような形の上側が広がった耳飾りには念入りな透かし彫りの文様がつけられている。

この不思議な装身具にひかれて、大

学の卒業論文は土製耳飾りで書いた。関東地方周辺で多量に出土する遺跡の耳飾りは西新井遺跡の耳飾りとおなじようなバリエーションをもっていることも、学習をかさねるなかで知るようになった。

土製耳飾りつけかえの意味

土製耳飾りは縄文時代後期後半から晩期前半に隆盛をむかえるが、特定の集落で大量に出土すること、それらには小さなものから大きなものまであること、無文と有文のものの二極化、文様の精緻化、地域差といった特徴を指摘することができる。

最初から大きな耳飾りをはめることはできない。耳たぶに骨針のような道具で孔をあけ耳飾りをつけかえながら大きくしていったのであるが、一番小さな土製耳飾りでも直径一センチ弱はあるので、いきなりはめるわけにはいかない。たぶん木の枝のようなものを刺して徐々に孔を広げ、一定の段階になってはじめて土製耳飾りをつけたのだろう。土製耳飾りをはじめてつけるのは、晴れがましいことであったに違いない。

民族考古学を専門にする大塚和義さんは、関東地方のこの時期の土製耳飾りの大きさにどのような傾向がみられるのか研究をおこなった。耳飾りが多量に出土した遺跡ごとに集計すると、一つの遺跡で小さなものから大きなものまでの間に五〜六段階ほどの直径のピークがあることが確認された。このことは、つけはじめを含めて耳たぶの孔の大きさと耳飾りを大きくしきるまでの間に何回かのつけかえがあったことを物語っている。

耳朶穿孔《じだせんこう》も痛みをともなう儀礼であるので、土製耳飾りの装着とつけかえには通過儀礼の役割があったといってよい。

世界の伝統的な社会には年齢階梯制を敷いているところがある。それは年齢の上昇にともなって地位が上昇し、最後は長老が権威をもつ社会制度である。

縄文時代の人骨や埋葬を研究して人々の暮らしを掘りさげた先史考古学の山田康弘さんは、縄文時代の人骨にともなう装身具や副葬品は、老人よりも壮年に量の多さや質のよさが目立つ傾向があるという。土製耳飾りもおなじく、直径がすごく大きな部類に派手な文様のものがない。中くらいの大きさに逸品があることは、働き盛りや妙齢のものがそれを身につける権利をもっていたといってよい。したがって、縄文時代には年齢階梯制度そのものがあったとはいいがたいが、年齢階梯的なステップアップがあったこと、その表示に耳飾りが役目を果たしていたことは認めてよいだろう。

文様と形のバリエーション

西新井遺跡の耳飾りには雲形の彫りこみが目立つが、これは長野県域でさかんな文様であり、千葉県域方面にはあまりない。キノコ形の派手な透かし彫りの耳飾りがわずかにあるが、それは群馬県千網谷戸遺跡でさかんにつくられた類型である。千網谷戸遺跡には、いまなら人間国宝級の耳飾り製作者の工房があった。その作風は埼玉県域北部あたりまで広がっているが、長野県域や千葉県域にはめったにない。一県あるいは二県くらいの範囲で好みの文様が異なっていたのである。

耳飾りのこのような地域的な差異と地理的な範囲は、土器の文様とある程度重なる。土器の文様は、〝部族〟の違いを反映しているのではないかという先史考古学の谷口康浩さんの意見を参考にすれば、耳飾りの形や文様も部族によって異なっていた可能性が考えられよう。

そこで参考になるのが、イギリスの先史考古学者、イアン・ホッダーさんの耳飾りの民族学的な研究である。ホッダーさんはケニアのバリンゴ地域において隣りあう三つの部族が装着している耳飾りを分析して、装着の意味と動態に考察を加えた。その結果、部族間で耳飾りが異なっていることの意味は、よその部族に嫁いだ場合に嫁ぎ先の様式の耳飾りをつけることを含めて、部族に帰属している証を自他ともに認めることにあるとした。

縄文時代後・晩期の土製耳飾りが大量に出土する遺跡を地図に落としてみると、二十〜三十キロほどの間隔で分布し、それらの中核遺跡のまわりに同時代の遺跡がいくつかあることがわかる。縄文文化研究者の樋口昇一さんは、長野県松本市エリ穴遺跡の耳飾りを分析して、この遺跡が地域の中核となる拠点的な集落であり、耳飾りの異常ともいえる多量さはその領域内からエリ穴遺跡に人々が集まってきたものと考えた。

また、一ヶ所から集中して出土することから、結集しておこなった祭りのあとに決められた場所に捨てたと考えた。そのなかには地域をこえたタイプの耳飾りもまじっている。西新井遺跡の耳飾りにも新潟県域方面に特有のものもわずかに含まれていた。ということは、耳飾りの形と文様の同一性や違いには、おなじ部族だ、違う部族だ、どこの出身だということを識別する役割があったとみてよい。

縄文時代不平等説

西新井遺跡の土製耳飾りは、小さなものから大きなものまで文様のあるものとないものがほぼ半々である。ほかの遺跡でも同じ傾向がある。このことは、つけはじめから終わりまで有文と無文が並んであったことになる。それでは有文と無文の違い、また逸品とそうでないものの違いはどのように考えられようか。

千網谷戸遺跡の透かし彫りが見事な耳飾りは、その出来栄えや数からして誰もがつけられるものではなかった。先に紹介したカリンバ3遺跡の櫛もそうである。この遺跡からは三百基ほどの墓がみつかっているが、そのうちのおよそ一割の墓にベンガラという赤い顔料が敷かれ、たくさんの装身具や副葬品をもっている墓は十数基しかなかった。そのなかにも表2のようないくつかのランクがある。

①　漆塗りの櫛が七〜十三本＋漆塗り腕輪＋頭飾り＋耳飾り＋サメの歯（三基）。

②　漆塗りの櫛八本＋漆塗り腕輪七個（一基）。

③　漆塗りの櫛三〜四本（二基）。

④　漆塗りの櫛一本（七基）。

これらのきわめて手の込んだ奢侈品をもつ墓をトップクラスとして、玉だけを大量にもつ墓、装身具や副葬品の少ない墓、それらをもたない墓と続く。社会が個人やグループの力に応じて成層化していたことをうかがわせる。つまり、耳飾りはステイタスシンボルとして機能していた可能性がある。

この表で注目したいのは135号墓である。漆塗り製品は一点しかないのにサメの歯が十八点と第二位である。近くの別の遺跡、恵庭市西島松5遺跡では、漆塗りの櫛が出土した土《ど》坑《こう》墓《ぼ》は二十二基あり、そのうちサメの歯がともなわない土坑墓は十四基ある。漆塗りの櫛

表2　北海道カリンバ3遺跡と西島松5遺跡の副葬品組成

カリンバ3遺跡				西島松5遺跡			
土坑墓番号	漆櫛＋その他漆製品	サメの歯	玉類	土坑墓番号	漆櫛＋その他漆製品	サメの歯	玉類
119	13＋12	1	111	399	11＋10		22
118	10＋18	28	52	439	4＋ 3		36
30	8＋ 7		217	448	4		
123	7＋11	2	150	445	3	43	5
303	4＋ 1		15	400	3		
126	3		17	401	2＋ 3		7
135	1	18	60	511	2		229
82	1	4	52	781	2	19	11
117	1		56	459		108	
78	1		34	515		15	9
113	1		26	666		6	42
116	1		23	435		6	7
57	1		4	793		6	
37			34	412		5	33
77			27	508		3	196
76			7	395		3	17
				433		3	8
				431		3	
				483			67
				787			57
				553			55
				516			51
				444			47
				510			42
				432			23
				509			18
				570			14
				512			12
				713			11

（注）　西島松5遺跡は，サメの歯と玉類が少数伴う土坑墓は多数あるので割愛した．

が十一個ともっとも多く出土した土坑墓にサメの歯はともなわない。一方、サメの歯だけが出土した土坑墓は十三基あり、そのなかにはもっとも多量の百八個出土した土坑が含まれている（表2）。いってみれば、カリンバ遺跡が櫛族で西島松5遺跡がサメ歯族であり、それぞれの遺跡にお互いの象徴的な装身具・副葬品がまじりあうのは相互の交流を示しているのではないだろうか。

アメリカの考古学者ブライアン・ヘイデンさんは、祭祀と儀礼が社会階層化の重要な契機とみなす。そして、平等社会から階層化社会への移行過程にある社会形態として、トランス—エガリタリアン社会を設定した。これまで縄文社会は平等とされてきたが、弥生時代や古墳時代のように一人の首長あるいは非常に少ない数の首長層が政治などを牛耳るまでにはいたらないものの、まったく平等な社会というわけにはいかない。先史考古学の高橋龍三郎さんが主張するように、縄文時代の社会はトランス—エガリタリアン社会の視点から分析をしていくことが必要であり、それは今後の耳飾りの研究にも求められよう。

耳飾りから描く社会

以上をまとめてみると、耳飾りは部族内である程度共通した文様と形態をもっている。大小は通過儀礼の存在を示し、文様の有無はステイタスの差があった可能性を示す。よその部族をまねいておこなう儀礼の際には、そ

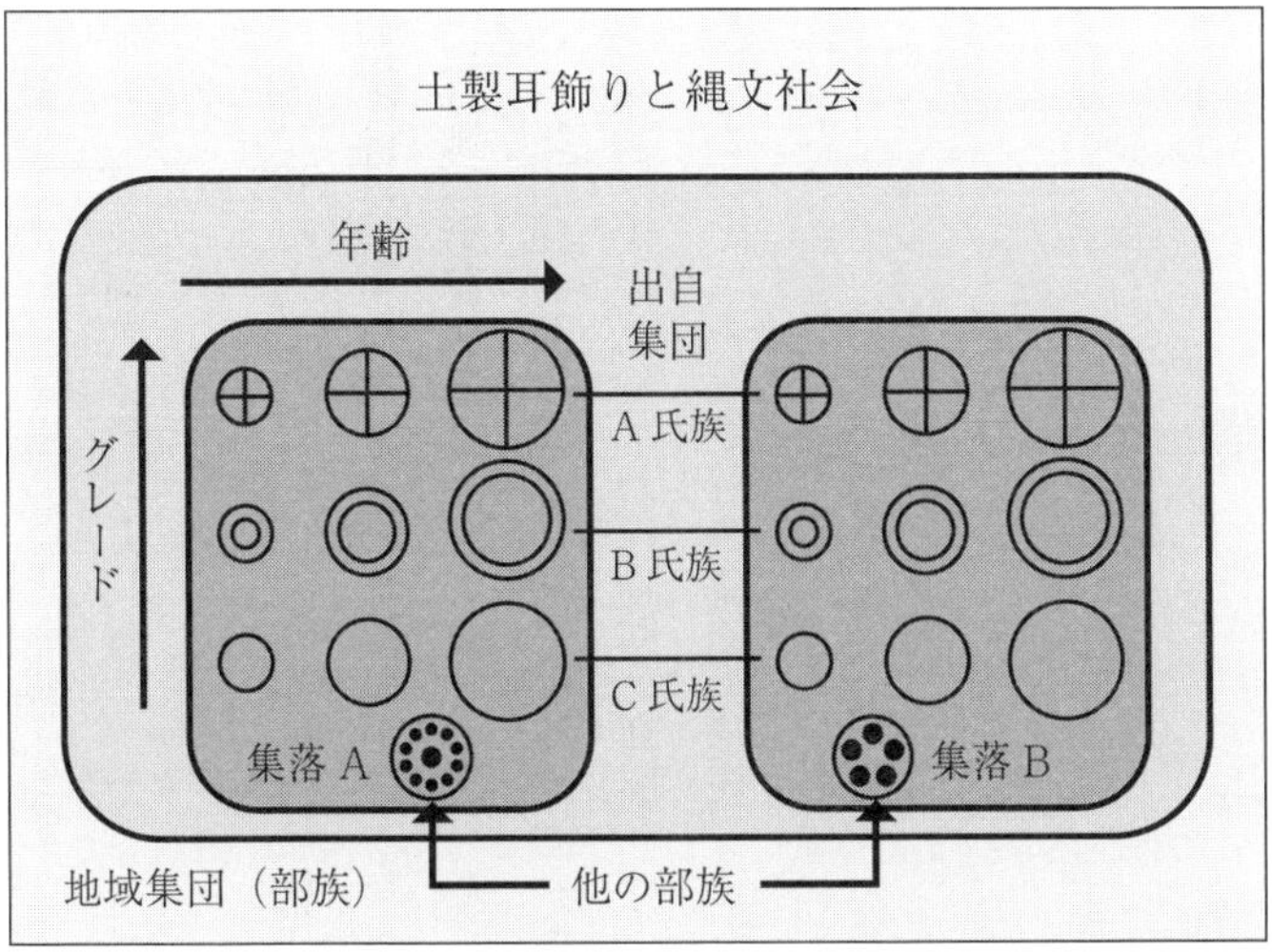

図44　土製耳飾りの構造（筆者作成）

の識別表示としてそれぞれ特徴的な耳飾りがその効果を発揮した。

耳飾りとともに櫛や髪という頭部に識別表示の集中したことが、土偶の頭部が大きくなった理由であろう。

佐原さんは、子どもの絵や伝統的な社会の絵を通して、素朴な絵画は大事なものを大きく描く法則を見出した。お父さんよりもお母さんが大きく描かれていたら、お父さんには残念だがお母さんのほうが子どもの信頼を得ていることになる。佐原さんはそこから先史時代の絵画がもつ意味に切り込んでいったが、土偶にも大事なものを強調するというおなじ理屈があてはまるのではないだろうか。

耳飾りの特徴や性格を、推測をまじえながら模式図にしてみた（図44）。関東地方を中心に、縄文時代が終わりに近づいたころにこうしたディスプレイの儀礼が発達したのはなぜか。

先に述べたように、この時期は寒冷化に見舞われた時期である。一方で縄文時代前〜中期以降に採集狩猟社会の枠組みのなかで生活技術や社会組織を練り上げて、東日本を中心に複雑採集狩猟民社会を形成していった。同じ部族の近隣の集団や交易活動などで結びついた集団間の潤滑油が共同の儀礼であった。

縄文時代後期後半から晩期の耳飾りは、複雑化した社会、環境変動によって揺れ動く社会において、それぞれの集団の帰属意識を高めて社会を制御するための役割をもっていたのではないだろうか。もちろん美意識にもとづくファッショントレンドがはたらいていたことも疑いないところではあるが。

出産土偶の顔

土偶の顔は切迫感に欠けているといったが、なかにはそうした雰囲気をもったものもある。縄文時代中期の長野県域や山梨県域など中部高地地方では、きまったパターンの顔の土偶が流行した。それは吊りあがった目とまるい口をした土偶である。こうした容貌《ようぼう》の土偶に特別な名前はないが、〝吊り目土偶〟とでもいえようか。顔面把手の顔も吊り目が多い（図45）。

土偶の名前

土偶には「みみずく土偶」や「遮光器《しゃこうき》土偶」「ハート形土偶」といった特定の名前がある。顔の形や表情などにもとづく名前であり、多くは明治時代にさかのぼって命名された。すでに出てきた「黥面土偶」や「有髯土偶」も、顔の特徴からつけられた古い呼び名であ

図45　吊り目の顔面把手（山梨県穂坂町出土，東京国立博物館所蔵）

る。

縄文土器にも「加曽利E式」「亀ヶ岡式」といった名前があるが、こちらは遺跡名や遺跡のなかの地点の名称がついている。これもまた命名の歴史は古く、一八七七年（明治一〇）にエドワード・S・モースさんが東京府大森貝塚を発掘調査してみつかった土器の仲間がのちに「大森式」と呼ばれたり、それからまもなく発掘された茨城県美浦村陸平《おかだいら》貝塚の土器の特徴が大森式と異なることから「陸平式」と呼ばれたりした。この二つの型式名は、大正年間に両者の違いが年代の差であると判明した千葉市加曽利貝塚の発掘調査で出土した「加曽利E式」「加曽利B式」に名前をゆずり、いまでは使われなくなっている。

土器の特徴の共通性は一つの遺跡内におさまるものではなく、それをこえた地域的な広がりをもつ。土器の場合、たいていは二〜三県程度の範囲をカバーしている。このように、遺物の特徴の共通性にもとづいて区別された年代と分布の最小単位を考古学では「型式」

と呼んでいる。

これとは別に、愛称のような名前や複数の型式にまたがる特徴をとらえた名前で土偶を呼ぶ場合もある。中部高地地方の縄文時代中期の土偶についた、〝カッパ形土偶〟とか〝バンザイ土偶〟といった一風変わった名前は愛称といってよい。分析して年代と分布の最小単位を抽出し型式名をつけるまでにはいたっていない、印象的な名辞である。吊り目という特徴もやはり型式表徴といえるかどうか検討されていないので、こうした土偶の名前がはじめて出てきた場合だけは〝吊り目土偶〟というように〝　〟つきにしておく。

屈折像土偶は座産の姿

なにかの折に民俗学の叢書を読んでいたところ、お産の話に目がとまった。病院のベッドでお産をする近代的な医学が普及する前の日本のお産は、産《うぶ》屋《や》で産婆さんの手助けをかりておこなわれた。それは体を四十五度ほど起こしたり座った状態でおこなういわゆる座産であり、その際には天井からつりさがった力綱につかまって力むというのである。

これを読んで連想したのはいわゆる〝屈折像土偶〟であった。屈折像土偶というのは膝を折り曲げて腰をおろし、腕を組んだり手を合わせるような姿勢の土偶をいう。脚に隠れた腹がふくれた状態の土偶が多く、これは座産の姿をあらわしているのではないかと考えた。折から勤務先の国立歴史民俗博物館で「土偶とはなにか」という講演を予定していたのでその話を織り込み、民族例によって屈折像土偶は祖先のポーズだとする大林《おおばやし》太良《たりよう》さんの考えにちょっとした異議を申し立てたのである。

この内容は活字にしなかったが、調べもせずにうっかり自説として発表しなくてよかった。一九七〇年代に似たようなことをすでに藤森栄一さんが書いている論文を、その後見つけたからである。それは長野県岡谷市広畑遺跡から出土した土偶であり、まるめた腕を大きくはった腰にあてて座りこむ姿勢を座産の様子としたのである（図46）。腕のまるい空間に棒を通して出産時に脚をふんばって力んだとも書いている。〝腕部双孔土偶〟と呼ばれている。

出産の表情としぐさ

屈折像土偶が出産のシーンを表現しているという説は、先史考古学の藤沼邦彦さんや小杉康さんをはじめとして多くの研究者が深めていった。いずれも藤森説を踏まえていろいろな面からアプローチしている。小杉論文で取りあげられた青森県南部町下比良《しもひら》遺跡から出土した猿の顔に似た表情の土偶は、屈折像土偶であるのと腕を後ろにまわしているのがとくに興味深い（図47）。

猿はお産が軽いので、それにあやかって土偶の顔に表現したのではないかと小杉さんは考えている。出産をまじかにひかえた妊婦の紅潮した顔に、縄文人は猿の真っ赤な顔をなぞらえたのかもしれない。口が顎の下のほうにまるくつけられているのは猿特有の表情であるとともに、出産時に息をホーッと吐き出す妊婦の様子をとらえたのではないかというのが、出産の姿勢の歴史的変遷に視点をあてて土偶を分析した吉本洋子さんの意見である。いずれも納得できる解釈である。

青森県軽米町君成田遺跡から出土した、いまにも出産しそうな状態を表現した土偶が腕を後ろに組んでいることに小杉さんは注目し〝後ろ手出産土偶〟とした。この土偶と下比良遺跡の土偶は縄文時代後〜晩期の土偶である。山梨県笛吹市・甲州市釈迦堂《しゃかどう》遺跡から出土した、腰をおろして股から赤ちゃんが顔をのぞかせている土偶の時期は縄文時代中期であるが、後ろ手出産土偶である。つまり、腰をおろして腕を組んで力むというしぐさは、縄文人の出産時の姿勢として数千年間も守られていたのである。驚くべき持続力である。

吊り目土偶に戻ろう。その目とまるい口は出産時の緊迫した表情をとらえているのであろう。腕部双孔や後ろ手と同様に、出産時に息を吹く様をあらわしたまるい口も長い間、出産の表情として土偶に表現され続けたことがわかる。

このようにみてくると、この緊張感にあふれた表情は、のちの時代の偶像や絵画にみる

図46　腕部双孔土偶（広畑遺跡出土，市立岡谷美術考古館所蔵）

図47　サルの顔に似た土偶（下比良遺跡出土，国立歴史民俗博物館所蔵）

図48　顔の表現のない土偶
（花輪台貝塚出土，南山大学人類学博物館所蔵）

図49　子抱き土偶（宮田遺跡出土，国立歴史民俗博物館所蔵）

威嚇表現などではなく、出産という緊迫した状況の表現であった。縄文土偶に威嚇表現はないといってよい。

縄文土偶の性別

土偶は縄文時代草創期からあるが、早期の土偶を含めて顔を表現していない（図48）。そのかわり強調されているのは胸と腰のふくらみである。子どもを産み、育てるための準備がそなわったことをストレートに表現しているのであろう。佐原さん流にいえば、それが縄文土偶にとってもっとも大切な要素であった。

土偶に顔がつけられるのは縄文時代中期になってだが、はじめて土偶につけられた顔が出産にかかわる表情であった。顔の表現は土偶にそなわった基本的な原理、つまり子を産むという女性に特化した性格をより強めていくことになったであろう。イレズミも大きな耳飾りも、出産の準備が整ったことを記念する通過儀礼であり、成熟した女性の表象として土偶や人面付土器に表現されたのではないだろうか。

縄文時代中期の土偶には、東京都八王子市宮田遺跡の子どもを抱いて授乳するようなしぐさの土偶（図49）や、石川県かほく市上山田遺跡の子どもをおんぶした土偶など子育てを表現したものがあるように、出産から育児までをあらわした具体性の高い土偶が多い。

縄文時代後・晩期になると、みみずく土偶のような奇怪で抽象的な土偶や、女性の身体的な固有性の後退した土偶が増えてくるのは多様性が高まった結果といえるだろう。小林達雄さんが、乳房を表現しているからといって縄文時代の土偶をすべて女性とみるのはおかしいとするのも一理ある。

しかし、縄文時代の終末にいたるまで、女性器を表現した土偶はたくさんつくられたのに対して、男性器を表現した土偶はきわめてまれなことに目を向けなくてはならない。北海道千歳市ウサクマイ遺跡から出土した土偶のように、男性器がついているのは、一万体以上知られる土偶のなかでわずか数例にすぎない。男性土偶が縄文時代の全期間を通してまったくといってよいほどないことからすれば、やはり土偶は一貫して女性原理優先でつくられたとみるべきだろう。

縄文土偶の精神

では、縄文時代には男性原理によって表現されたものはないのだろうか。それを代表するのが石棒《せきぼう》類である。石棒は男性器を模してかたちづくりみがきあげた棒状の石製品である。土偶に顔が表現されるのとほぼ同じ時期に大型化した。

縄文時代後・晩期になると石棒は細身で小型化し、なまくらだが両刃の石剣や片方に刃がついた石刀などもあらわれた。これらを石棒類と総称しているが、縄文時代の石棒類は墓にともなって出土することがよくある。ある場合は副葬品として墓に入れられ、ある場合は配石墓の一角に立てられた。これに対して土偶が墓にともなうことはほとんどない。縄文時代後期終末以降、北海道方面で土偶が副葬されるなど墓にともなうようになり、弥生時代にその風習が本州に及ぶが、基本的に墓とは無縁といってよい。

生誕をになう土偶は死と相性がよくないのだろう。土偶は土器とおなじく粘土をこねてつくりあげていくのに対して、石器は打ち欠いて削りだしていく道具である。粘土がやわらかいのに対して石はかたい。非文明社会では土器や土製品は女性がつくり、石器は男性がつくるのが一般的である。現代のジェンダー論の立場からすればステレオタイプと切り捨てられるかもしれないし、単純化しすぎているかもしれないが、縄文時代の男女の精神的な世界観は、まとめてみると次のような図式になる。

男性—狩猟—石器づくり—打ち欠いてつくる—死のイメージ—墓—ハードな世界

↕

女性—採集—土器づくり—足してつくる—生のイメージ—墓と無縁—ソフトな世界

縄文時代の精神世界にこのような男女の対立的な原理がはたらいているのは、その社会が採集狩猟を基幹生業とする社会だったことに起因する。これも非文明社会の一般的な法則であるが、男女の性別分業が非常に強く認められるのが採集狩猟社会の特徴である。

縄文時代の性別分業と土偶

ここまで話を進めれば、生業が縄文土偶の精神性や男女のコスモロジーに深くかかわっていることになり、さらなる分析にあたっては縄文時代の経済活動と活動における男女の編成にまで立ち入らなくてはならなくなる。

それを考えるうえで興味深い研究があるので紹介しよう。千葉県いすみ市新田野《にったの》貝塚は縄文時代前期から中期の貝塚であり、海岸線から十キロほどのいすみ平野の奥まったところにある。縄文時代前期はいまよりも気温が高く、海が遺跡の付近にまで入り込んでいたことがわかっている。それを反映して、採集した貝や魚は海のものがほとんどであり、いずれも集落付近で手に入れられることが発掘調査の結果わかった。縄文時代中期になると寒冷化が進行して海岸線がしりぞきほぼ現在と同じになるが、貝は汽水産のヤマトシジミがほぼ百パーセントであったのに対して、魚はあいかわらず海の魚ばかりをとっているというおもしろい現象がとらえられた（図50・表3）。

先史考古学の赤沢威《たける》さんは、縄文時代中期に生じたこの現象は、往復二十キロを遠征する魚とりは男性がにない、貝の採集は女性が住居の近辺でおこなった結果だとした。これは、縄文時代の生業が男女別の分業体制をとっていたことを物語る。先史社会において、子どもの授乳など女性でなくてはできない家庭にかかわる仕事が、遠征という行動に規制をかけていた結果である。

男女別の生業の変遷は考古学的な資料だけからはつかむことがむずかしいのでどうしても民族誌に頼ってしまいがちだが、考古資料だけから導き出せたきわめてまれな、そして重要な研究であった。この結果は、非文明社会における男女別分業の民族誌とも矛盾しない。

先史社会の女性がになった土器や土偶づくりなどは祖母—母—娘と伝承されたのに対して、狩猟は石器づくりとともに男の子が父親などから見様見真似でその技術を学習していったことであろう。縄文時代の祭りが男女別におこなわれたか否かは別の角度からみていかなくてはならないので課題とせざるをえないが、生業という死活問題の活動が小さなころから男女別に編成されており、世界観にもそれが多大な影響を与えていたことは予測可能である。

一方で弥生時代は農耕社会であるから、その社会では縄文土偶の精神がどのようになるのか大いに興味がわく。威嚇表現がいっさいない切迫感を欠いた縄文土偶の表情の背後に

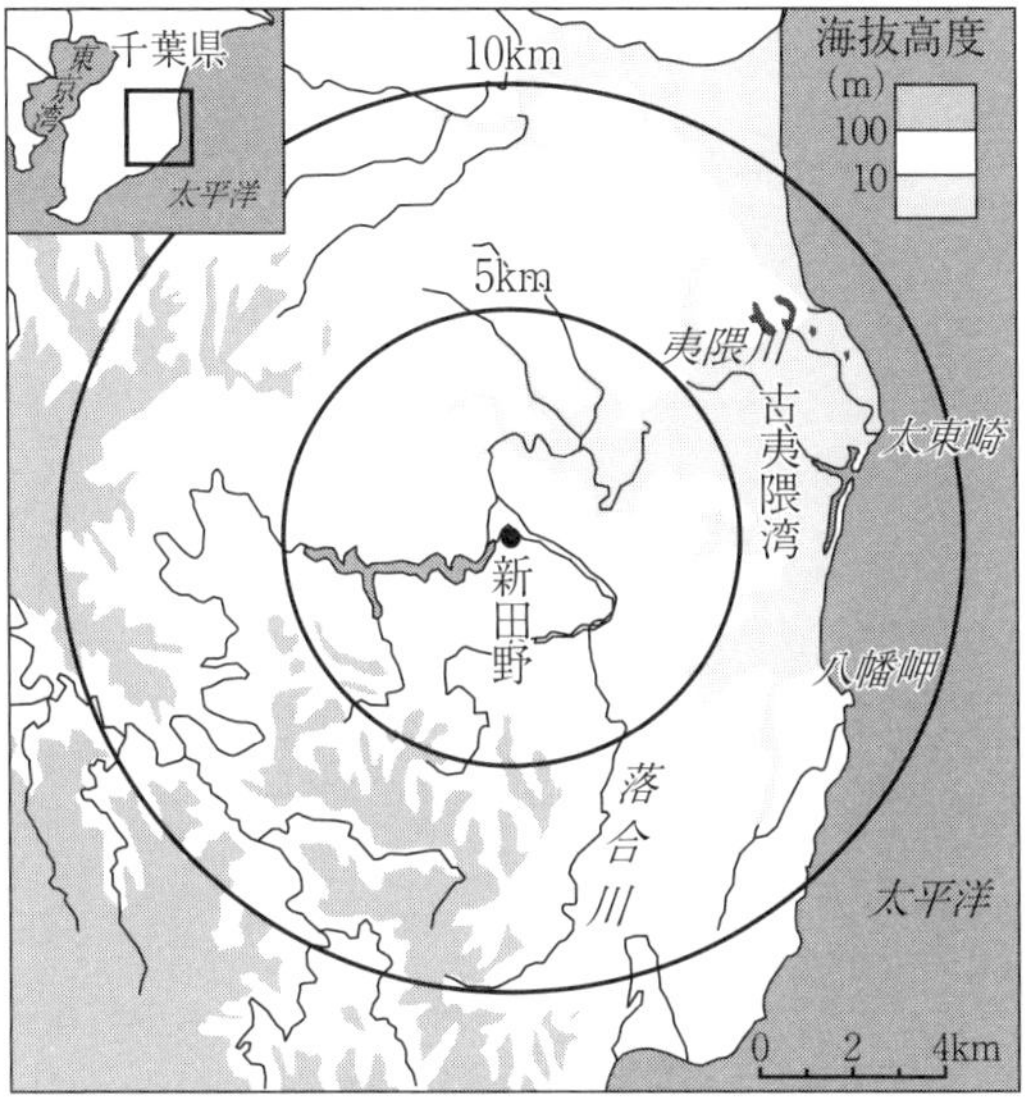

図50　新田野貝塚の位置

表3　新田野貝塚出土の貝類と魚類の時期別比率

		縄文前期	縄文中期
二枚貝	オキシジミ	46%	0.36%
	ヤマトシジミ	42%	99.51%
	その他	11.67%	0.13%
魚　類	スズキ	42.35%	36.22%
	クロダイ	25.83%	18.11%
	ボラ	22.52%	33.86%
	その他	9.30%	11.81%

(注) ①二枚貝は縄文中期に汽水産へと変化するが,魚類はひきつづき内湾の海の魚である.
②男女の性別分業を知る手がかりとなる.

は何があるのかということを含めて、弥生時代の顔を取りあげる次の章で述べていくことにしよう。

弥生時代の顔の表現

分銅形土製品の笑い顔

分銅形土製品とはなにか

分銅形土製品は、弥生文化を代表する第二の道具である。文字どおり江戸期のはかりに使ったおもりである分銅のかたちに似ていることから名づけられた。円形の粘土板の両側面にえぐりを入れた、地図の銀行マークの形をした土製品である。長方形の粘土板にえぐりを入れた分銅形土製品もある。中国地方を中心として、東は近畿・北陸地方にまで分布する。

分銅形土製品がさかんにつくられたのは弥生時代中期である。列点文と櫛描文を組みあわせた文様が表面にあるが、なかには上部に顔を描いた土製品もある（図51）。その多くはにこやかに笑っている。櫛描文の場合も上半にカーブさせて眉のように描いているので

図51　上部に顔が描かれた分銅形土製品（明地遺跡出土，山口県埋蔵文化財センター所蔵）

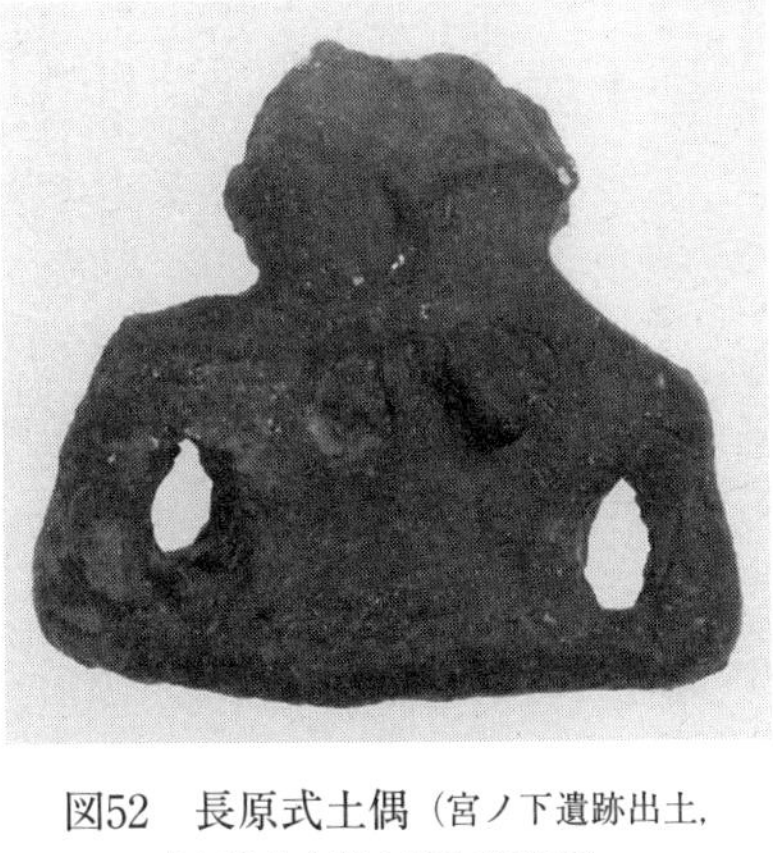

図52　長原式土偶（宮ノ下遺跡出土，東大阪市立郷土博物館所蔵）

抽象的な顔を表現したとされている。つまり分銅形土製品は人体をかたどった造形品といってよい。

人体をかたどった土製品ですぐに思い浮かぶのは縄文時代の土偶《どぐう》である。そこで、分銅形土製品の系譜を縄文時代の土偶に求める案も浮かびあがった。だが、比較の対象にした分銅形の土偶は愛知県域方面の縄文時代後期の資料であったために、縄文土偶起源論は否定されてしまった。分銅形土製品が弥生時代前期にさかのぼらないことも縄文土偶とのつながりが悪く、見捨てられた意見となったのである。

しばらくしてから、分銅形土製品あるいはそれと関連する土製品のなかにわずかであるが縄文土偶との関係をにおわせる資料がみつかりはじめた。弥生文化を研究する石川日出志さんや小林青樹《せいじ》さんは、兵庫県姫路市丁《よろ》・柳ヶ瀬遺跡、あるいは岡山県総社市真壁遺跡から出土した分銅形土製品が弥生時代前期にさかのぼることを指摘した。小林さんは、これも近年注目されるようになった近畿地方の縄文時代晩期終末の長原式土器にともなう土偶（図52）が分銅形土製品の祖形だったのではないかと考えている。それがたしかであれば、もっとも古い分銅形土製品の一つは兵庫県域にあるので、分布の面からもつながることになる。

長原式土偶の特徴

長原式土偶にはどのような特徴があるのだろうか。長原式土偶は〝台式土偶〟と呼ばれるように、脚はないが底面が平たいので立つことのできるものが多い。頭部がつけられるものもあるが、ほとんどが顔の表現を欠いている。特徴的なのは腕を輪状にするか、両側面に孔をあけて腕を表現していることである。つまり、腕部双孔土偶といえる点である。乳房を表現した例もある（図52）。

はるかに離れた青森県外ヶ浜町今津遺跡から出土した縄文時代晩期の腕部双孔土偶（図53）が長原式土偶の祖形になるのではないかというのが先史考古学の鈴木正博さんの意見である。これは屈折像土偶でもある。茨城県利根町立木貝塚から出土した腕部双孔土偶も、その仲間である。弥生文化を研究する寺前直人さんは、青森県域では近畿地方から遠すぎるとして近場で類例をさがし、滋賀県守山市赤野井浜遺跡の屈折像土偶が長原式土偶の祖形になるのではないかと考えた。

赤野井浜遺跡の屈折像土偶は、縄文時代晩期前半に属す。まだ脚部の表現が残り長原式土偶より古い様相をみせるが、底面は幅広く安定した台式になっていることに加えて地理的にも長原式土偶の直接のルーツとなる可能性は高い。

一方で、長原式土偶の双孔が分銅形土製品の側面のくびれに変化していくとする小林説

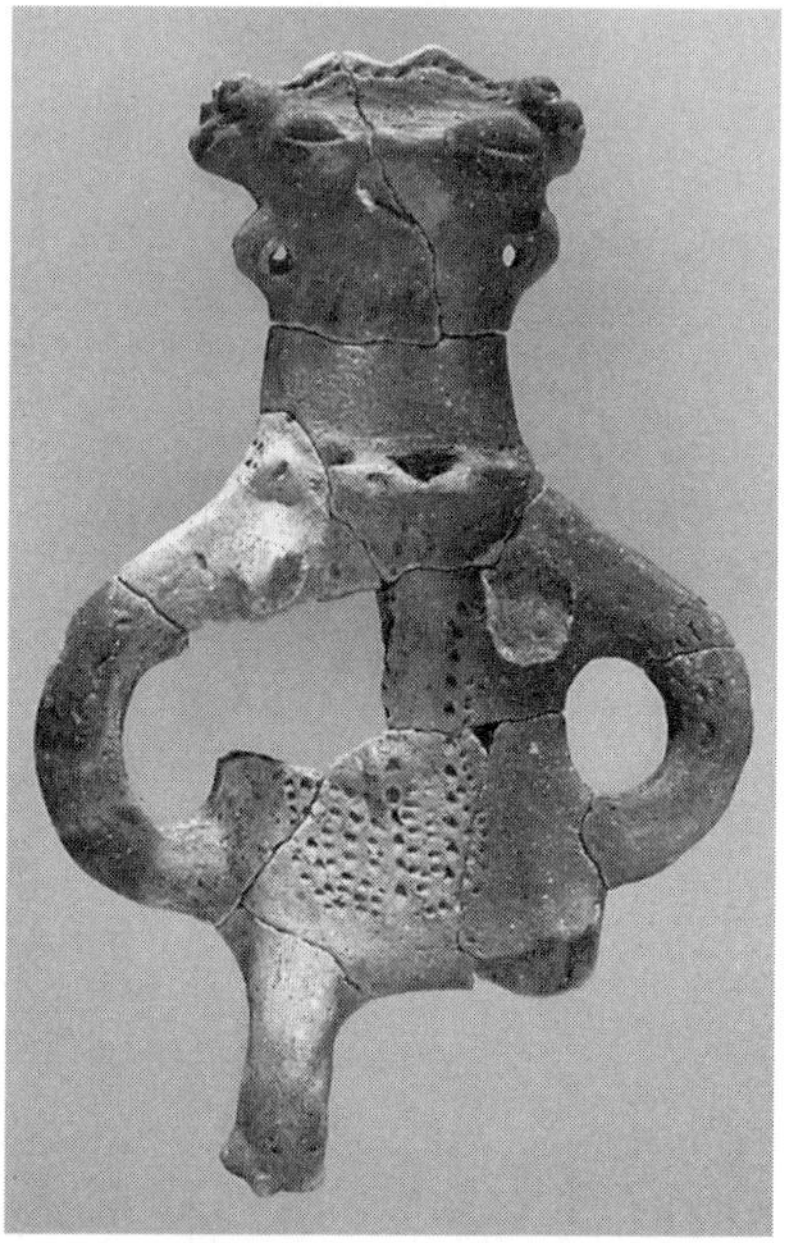

図53　腕部双孔土偶（今津遺跡出土，青森県埋蔵文化財調査センター所蔵）

を重視すると、先に紹介した東日本の事例も屈折像土偶であることに加えて腕部双孔土偶なので、長原式土偶の成立は東日本を含めて解いていかなくてはならないことになる。長原式土偶、ひいては分銅形土製品は、東日本で生まれた出産の造形表現の系譜をひいているのであり、寺前さんもその点は認めている。

そうなると、分銅形土製品に描かれた笑いの表情にも解釈の糸口が見つかる。

辰巳和弘さんは古代の〝笑い〟にかんする豊かな見識から、分銅形土製品の笑いを〝辟邪《へきじゃ》〟とみた。すでに紹介したように、記紀に記された笑いから盾持人埴輪《たてもちびとはにわ》の笑いの意味を辟邪と理解したことにもとづいている。

分銅形土製品の笑いの意味

分銅形土製品の笑い顔は、目と口を爪ないし半分に割った竹を使って表現する。盾持人埴輪は口角《こうかく》をあげてひきつったような笑い顔にする（図19－2）。それは方相氏《ほうそうし》の俑《よう》（図16）とおなじくみるものに不気味な印象を与えるが、分銅形土製品の笑いはあまりにおだやかでほほえましい。

分銅形土製品は女性をかたどり、柔和な笑顔をたたえているとみるのが妥当ではないだろうか。分銅形土製品の多くは集落遺跡の遺物包含層や竪穴住居の埋土から出土し、墓にともなうことはない。辟邪の機能を推測した黥面《げいめん》絵画資料が墓に関する施設にともなうのと異なっていることもまた辟邪機能を否定する根拠となる。分銅形土製品は、おそらくは出産にかかわる護符のような機能をもっていたのだろう。

もう一つ、分銅形土製品が女性像であることを考えるヒントをあげておこう。それはい

図54　イレズミ表現のない土偶（百間川兼基遺跡出土，岡山県古代吉備文化財センター所蔵）

図55　黥面線刻土偶（津寺遺跡出土，岡山市教育委員会所蔵）

っさいイレズミの表現がない点である。分銅形土製品の顔の表情を引きついだ弥生時代後期の土偶が岡山市百間川兼基《ひゃっけんがわかねもと》遺跡から出土しているが、イレズミの表現はない（図54）。それに対して岡山市津寺遺跡の土偶（図55）は黥面であり、弥生時代後期に黥面と非黥面の土偶がおなじ地域でつくりわけられていたことがわかる。イレズミは男子の習慣であったという『魏志《ぎし》』倭人伝の記事を連想させる。

鳥装と非黥面起源

黥面と非黥面

顔の造形が黥面と非黥面にわかれていったことは、弥生時代前期から問題にしなくてはならない。まず、縄文時代の黥面土偶と黥面の造形が東日本から西日本に伝播したことについて、資料にもとづきながらみていくことにしよう。

弥生時代前期の香川県志度町鴨部《かべ》・川田遺跡から、目の下の縁に沿ってカーブを描く線刻のある土偶が出土した（図56）。岡山市田益《たます》田中遺跡の弥生時代前期の黥面土器（図32－②）の特徴は目をとりまく線刻であり、千葉県池花南遺跡例（図32－①）など縄文時代晩期終末の黥面土偶の影響を受けて成立したことを第三章「黥面考」で述べた。口の脇の線刻も、関東地方や中部高地地方の黥面土偶や土偶形容器に系譜が求められる。

図56　黥面線刻土偶（鴨部・川田遺跡出土，香川県埋蔵文化財センター所蔵）

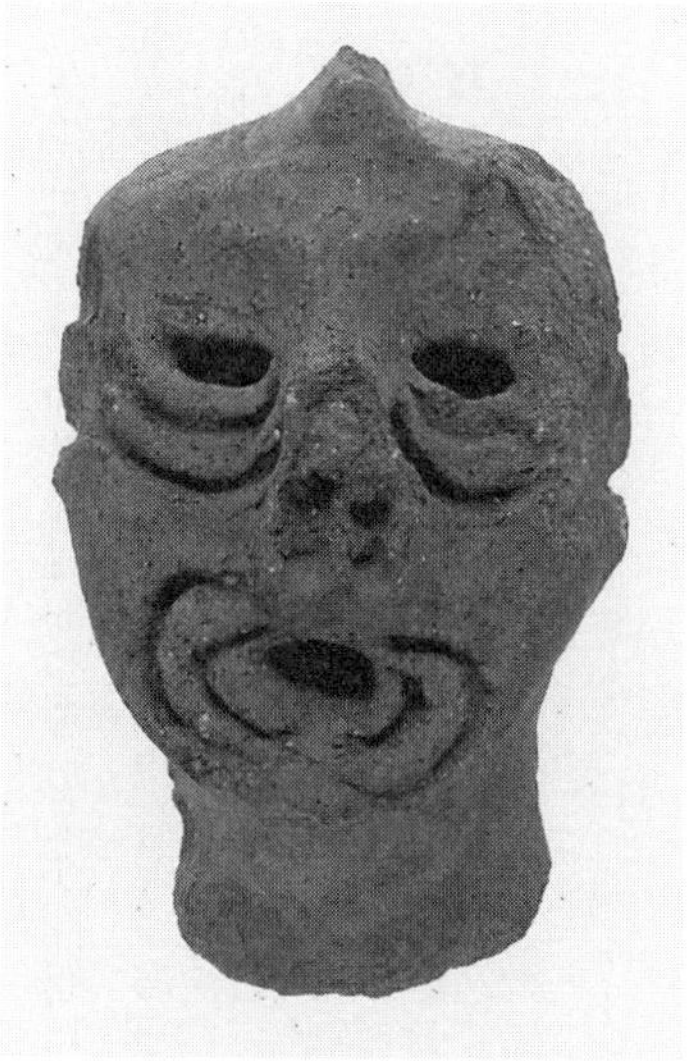

図57　人頭土製品（西川津遺跡出土，島根県教育庁埋蔵文化財調査センター所蔵）

このように、縄文時代晩期終末における東日本の造形品の影響を強く受けた黥面の資料が、西日本の弥生時代前期の遺跡にはいくつか認められる。

一方、西日本の弥生時代前期には、黥面表現のない偶像もある。島根県松江市西川津遺跡から出土した人頭土製品は土器の蓋の装飾と思われるが、斜め上を向いた顔の頭がついていて、顔面に線刻がいっさいない（図57）。のちに述べる弥生時代中期の大阪府茨木市目垣《めがき》遺跡の人頭土製品も非黥面である（図74）。弥生時代中期の銅鐸《どうたく》には黥面絵画があるので（図32－③）、中期になっても黥面と非黥面の造形はいっしょにあったことがわかり、さらにそれは後期に引きつがれた。

弥生時代に黥面と非黥面の造形品が同時にあることは、どのように理解すればよいのだろうか。それを考える前に、弥生時代にあらたに加わる鳥に対する信仰について述べておかなくてはならない。

弥生時代の鳥の信仰

西川津遺跡の土製品の際立った特徴は頭頂部の丈の高い隆起帯であり、この隆起帯は鴨部・川田遺跡の黥面土偶にもみられた。鳥に化身した表現である可能性をさぐってみたい。

弥生時代の西日本の遺跡からは、鳥形木製品がしばしば出土する（図58）。弥生時代前期に出現する第二の道具であり、農耕儀礼に用いたとの意見が有力である。鳥は銅鐸によく描かれる。銅鐸は稲作の儀礼に打ち鳴らされた農耕儀礼の道具であるとされるが、それは銅鐸に水辺の生き物や稲をおさめた高床倉庫が描かれることなどを根拠とする。

弥生時代の土器には、鳥装の人物を描いた絵がある。最初にみつかったのは奈良県橿原市坪井遺跡の土器であり、肩に大きな羽をつけた人物が羽ばたいている様子を描く（図59）。雑誌に掲載されたときにはみんな驚いたものだが、その後続々とおなじような絵を描いた土器が出土するようになった。

奈良県天理市清水風遺跡の土器は、大きく垂れ下がった裾のついた着物を着た人物が両腕をあげた様子を描く（図60）。頭部はU字状の線で表現されており、頭頂部にアンテナのような突起を加えている。弥生時代の儀礼に造詣が深い春成秀爾《はるなりひでじ》さんは、鳥のくちばしがついた仮面をかぶって祭りをおこなっているシーンを描いたのではないかと大胆な仮説を示したが、岡山市新庄尾上《しんじょうおのえ》遺跡からくちばしをはっきりと描いた人物の絵画土器が出土してこの仮説が証明された（図61）。

鳥が稲作など農耕儀礼と結びつくのはどのような理由が考えられるであろうか。鳥は空を飛ぶ。弥生時代に空のかなたにはあの世があり、鳥はあの世である祖先の国から稲穂を

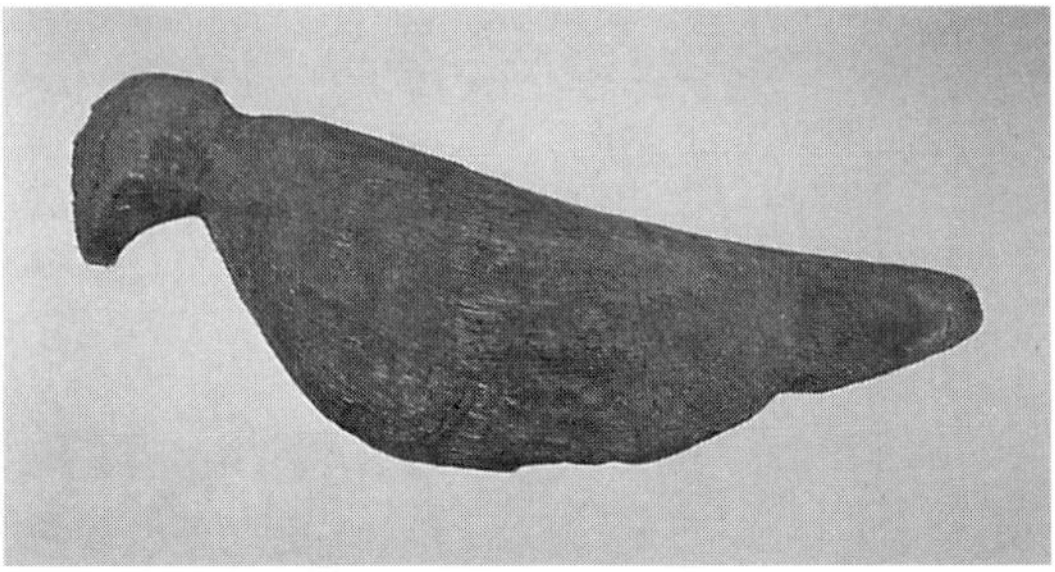

図58　鳥形木製品（亀井北遺跡出土，大阪府埋蔵文化財調査センター所蔵）

図59　鳥装の人物が描かれた土器（坪井遺跡出土，橿原市教育委員会所蔵）

図60　鳥装の人物が描かれた土器（清水風遺跡出土，奈良県立橿原考古学研究所附属博物館所蔵）

図61　鳥装の人物が描かれた土器（新庄尾上遺跡出土，岡山市教育委員会所蔵）

たずさえ、穀霊をのせてこの世に飛来すると考えられていたというのが一般的な解釈である。

鳥と稲とのかかわりが古代から脈々と受けつがれていることも、弥生時代の鳥に対する観念を推測する手がかりになる。『豊後国風土記』には、田で餅を的にして矢を放ったところ白鳥に変じて空に舞い上がり、二度とその田では稲がよく実らなくなってしまったという説話がある。大林太良《おおばやしたりょう》さんは各地に残る稲作の起源説話を丹念に集めて、穂落し神が鶴であり、各地に残る大歳神《おおとしがみ》はそこからきていると論じた。

頭の飾りが意味するもの

新庄尾上遺跡の鳥装の人物は、頭に羽のような飾りをつけている。ある種の鳥は頭に冠羽《かんう》という長い毛があり、その束を羽冠《うかん》という。田に水がはられると、羽冠がたなびくサギが飛来して魚をついばんでいる姿を目にすることができる。

鳥取市稲吉角田《いなよしすみだ》遺跡から出土した土器には、これに関する面白いパノラマ画があるので宗教考古学の金関恕《かなせきひろし》さんや春成さんの分析を参考にしながら紹介しよう。大勢で舟をこぎ近づくのは物見やぐらのような高層建築である。その背後に高床倉庫が描かれて、隣には木の枝に銅鐸がつるされている。それを見守るようにして鹿が描かれる。建物と銅鐸の

図62　稲作儀礼のパノラマ画（下）が描かれた土器
（稲吉角田遺跡出土）

性格から、この絵画の主題は稲作儀礼と考えてよいだろう。鹿も鳥と並んで弥生人が好んで描いた画題だが、秋に落ち翌春に立派になって生《は》え変わる角《つの》の成長が稲の成長にみたてられて、稲作儀礼に欠くことのできない動物に昇格したのである（図62）。

舟をこぐ人の頭には羽冠を強調した飾りを描いているので、鳥に化身していることがわかる。稲の魂をのせた舟が、銅鐸の音色に導かれて天にも迫る高さの建物へとやってきたと理解されるが、空を飛ぶ鳥がなぜ舟にのっているのだろうか。『古事記』には天鳥船《あめのとりふね》という神がのって天空をかける舟が出てくる。舟がこの世とあの世を往来する乗り物だという思想は、そのモチーフが古代エジプトの壁画に描かれ、日本の装飾古墳の壁にも描かれているように、古代には普遍的であった。

韓国の田舎を旅行すると、四つ辻に木彫りの鳥がとまったソッテと呼ばれる竿《さお》を高く掲げた風景をいまでもみることがある。金関さんによれば、この習慣は古くて、『魏志《ぎし》』韓伝の「蘇塗《そと》」がそれだとされる。木彫りの鳥は韓国の紀元前の遺跡から出土する。こうしたことから、弥生文化の鳥形木製品は朝鮮半島に由来すると考えるのが妥当だろう。さらに古代中国の画像石《がぞうせき》などの絵画には神仙界で空を飛ぶ羽人が描かれ、その頭に羽冠が表現されることがよくある。弥生文化の羽冠を表現した鳥の造形のルーツは、はるか中国に求めることができよう。

頭頂部に隆起帯のある土偶は縄文時代になく、鴨部・川田遺跡の土偶や西川津遺跡の土製品など弥生時代前期にはじめてみられる造形である。大阪府八尾市亀井北遺跡から出土した鳥形木製品におなじような隆起帯が削りだされていることからすれば（図58）、この隆起帯は鳥の羽冠の表現とみるのが妥当であろう。西川津遺跡の人頭土製品が斜め上を向いているのは、鳥が飛ぶ空を意識した姿勢とみたい。

鹿にしても鳥にしても、縄文時代に信仰の対象ではなかった。すくなくとも好んで土製品や絵画の材料にされることはなかった。鹿や鳥の絵は弥生時代になるとにわかに増えるのに加えて、それらが稲作と結びついているところからすれば、この思想は大陸から農耕とともにもたらされたと考えるのが妥当であろう。縄文時代にはなかった土偶の頭頂部の隆起帯は、こうした鳥の信仰によって縄文時代の土偶が変化したことを物語る。

鳥装の戦士

そこで黥面と非黥面の問題に戻るが、この二重性の意味を考える手がかりとして、一つには鳥信仰のルーツが朝鮮半島にあったという系譜関係があげられる。つまり、西川津例は黥面の習慣が希薄であった大陸からの影響が強かったことによるのであり、もっと踏み込めば渡来系の人物をかたどっていることも考えられよう。もう一つは、分銅形土製品が非黥面の女性像であり、『魏志』倭人伝に黥面が男子だけの習慣になっていることから推測できる、性による区分、すなわち黥面の男性像と非黥面の女性像という区分である。そのことは、弥生時代に戦争が活発になることと無縁ではない。

弥生時代になると武器と武具をもつ人物の造形があらわれた。第二章「方相氏と「鬼は外」の起源」で戈《か》と盾をもつ絵画を取りあげたが、弥生時代の人物絵画を代表する画題である。

奈良県天理市石上《いそのかみ》2号銅鐸の鈕《ちゅう》（吊手）に描かれた戈と盾をもって向かい合う二人の人物の絵画は古くから知られていたが、一九八〇年（昭和五五）に佐賀県神崎町川寄吉原《かわよりよしはら》遺跡から出土した銅鐸形土製品に描かれた同様のモチーフの戦士の絵が公表されて注意が促され、その後、西日本で次から次へと事例が増えていった（図63）。

川寄吉原遺跡例の人物の頭にはかぎ状の装飾がみられるが、佐賀県吉野ヶ里町瀬ノ尾遺跡出土土器に描いた盾をもつ人物の頭部の線刻は何本かが後ろに流れている状態であり、羽冠すなわち鳥の表現とみるのが妥当だろう（図64）。清水風遺跡の戈と盾をもつ大小二人の人物は、いずれも頭に派手な装飾をもつが、小さいほうは羽飾りのようにみえる（図65）。

武装した人物は戦士といってよく男性であるから、この場合の鳥装は男性の装いであった。その一方、清水風遺跡の筒袖状の鳥装束の絵画とよく似た絵を描いた土器が奈良県田原本町唐古・鍵遺跡から出土し、その人物には女性器が描かれていた。また、清水風遺跡からは乳房をもつ鳥装束の女性司祭者を描いた土器も出土した。したがって、鳥に化身するのは男女を問わない。

図64　鳥装の戦士が描かれた土器（瀬ノ尾遺跡出土，吉野ヶ里町教育委員会所蔵）

図63　銅鐸形土製品に描かれた戦士（川寄吉原遺跡出土）

図65　戈と盾をもつ戦士が描かれた土器（清水風遺跡出土）

これらの絵画の人物に黥面はないので、この点からは黥面・非黥面が男女による区別なのか考える手がかりを欠いているが、もう少し男女問題の話を続けよう。

戦争と男子の通過儀礼

弥生時代と縄文時代の違いはたくさんあるが、その一つが戦争の有無である。「戦争」の定義はむずかしいが、一般的には国家間の紛争をさす。しかし、部族戦争という言いかたもあるように、戦争という言葉は文化人類学では必ずしも国家にこだわらずに組織的な集団間の戦いに用いられるし、考古学でも集団間の武力抗争をさす場合に用いる。

小さな紛争や個人的な怨恨《えんこん》関係による暴力沙汰は縄文時代にもあったらしく、頭蓋骨に石斧のかたちの孔があいた例もあるし、石鏃が撃ち込まれた骨も出土している。しかし、弥生時代には集団戦がおこなわれた証拠が格段に増す。佐原《さはら》真《まこと》さんは考古学的な戦争の証拠、指標をいくつかあげているので整理すると、

①　防御集落
②　専門の武器
③　戦死者
④　武器の副葬

⑤　武器の崇拝

⑥　戦争場面の造形

である。

弥生時代に特有の集落形態は、溝をめぐらした環濠《かんごう》集落とふもととの比高差が極端な高地性集落である。より古い環濠集落が朝鮮半島にあることからすれば、農耕文化複合の一環として大陸から伝わった集落形態であり、縄文時代の集落に防衛の機能はなかった。

縄文時代には斧や矢じりなど、武器にしようと思えばできる道具がたくさんある。しかし、戦闘のためにつくった武器はない。銅剣や銅矛《どうほこ》、銅戈《どうか》などいずれも弥生時代に朝鮮半島から伝わり、それが副葬されたり祭りの道具になっていった。

傷を負った縄文時代の人骨は二十体ほどであるが、争いによるのは半分ほどであろう。それに対して弥生時代は、確実に争いによる人骨が五十体ほど、推定を含めれば二百例に及ぶ。出土人骨の総数にそれほどの差はないが、殺傷人骨の数には大きな差がある。佐賀県神埼市・吉野ヶ里町吉野ケ里遺跡では首のない人骨が甕棺《かめかん》から出土した。福岡県飯塚市スダレ遺跡からは逆手にもった石剣で背後からぐさりと刺された男性の人骨も出土している。

このように、集団戦は弥生時代になると明確になり、それは朝鮮半島から文化として入ってきたことがわかる。これらの証拠が西日本の弥生時代の遺跡を中心に認められるのも、地理的に大陸に近いこともあって、そこからの文化的、社会的な影響をそれだけ強く受けていたからであろう。逆に集団戦の証拠がみあたらない縄文時代あるいは東日本の弥生時代は、相対的に平和な時代であったといってよい。

古代史の吉田晶さんは、弥生時代のイレズミが男子だけという『魏志』倭人伝の記載に対して、イレズミが戦士の仲間入りの印であったとした。弥生時代の集団戦のはじまりをとらえての理解であるが、きわめて興味深い。弥生時代に専門の戦士集団がいたとは考えられず、有事に組織化される集団であったろうが、イレズミはそこへの加入の目印であるから通過儀礼の意味があったことになる。

縄文土偶にイレズミがあり、おなじく痛みをともなう抜歯《ばっし》は男女ともなされていたので、縄文時代の身体毀損《きそん》の通過儀礼は男女共通の習慣であった。弥生時代にイレズミが男性だけになったのは通過儀礼の変容である。このように弥生時代に黥面・非黥面の二重性が生じたもう一つの理由は、大陸から戦争という文化的、社会的な影響が及ぶことによって縄文時代の通過儀礼に男女の差が生じたことに求められる。

土偶形容器にみる男女の表現

土偶から土偶形容器へ

話題が西日本に集中したので、東日本の弥生時代の顔について述べていく。昭和女子大学歴史文化学科は、毎年考古学の発掘実習を神奈川県中井町中屋敷遺跡でおこなっている。中屋敷遺跡は足柄平野の奥、丘陵へと移行する台地の上にある弥生時代の村の跡である。このあたりではもっとも古い弥生時代前期から中期にかけての遺跡であり、炭化したアワやキビ、イネの種実が見つかった。この遺跡はむかしからよく知られているが、それは完全なかたちの土偶形容器が出土していたからである（図66）。

土偶形容器はその名のとおり、縄文時代の土偶によく似た姿の土製品である。黥面土偶

図66　土偶形容器（複製，中屋敷遺跡出土，国立歴史民俗博物館所蔵，原品は個人所蔵）

を引きついで顔には複雑な線刻がある。容器なので中空であり、頭から物が出し入れできるようになっている。腕はあるが脚はなく、すそは平らである。胴部を横切りにした断面が楕円形なのは、東北地方の縄文時代晩期に流行した中空の遮光器《しゃこうき》土偶の流れを汲んでいるからであろう。

土偶形容器はかつて容器型土偶と呼ばれたが、それは右に述べたように縄文時代晩期の土偶とのつながりが強いからであった。縄文時代の土偶は中空であっても容器として使われたわけではない。それに対して、弥生時代になると容器として使用されるという変化があらわれる。この変化を重視して、土偶形容器と呼ぶことが多い。

中屋敷遺跡の土偶形容器には、赤ん坊の焼けた歯と骨がおさめられていた。

通過儀礼と祖先祭祀の継承

現在では条例によって土葬を禁じている自治体もあり、火葬が普及している。縄文時代には土葬が一般的であったが、火葬に類する葬法もみられる。いったん遺体を骨にしたのちに火にかけるように、現代の火葬とは異なっているので焼人骨葬《しょうじんこつそう》と呼んでいる。焼人骨葬は、とくに長野県域を中心とした縄文時代晩期にさかんにおこなわれた。中屋敷遺跡の事例はその延長線上にある。

なぜそのような葬法がとられたのだろうか。埋葬しっぱなしでなく、遺体を土葬や風葬で骨にしたのちに再度埋葬する葬法を再葬と呼ぶ。焼人骨葬も再葬に含まれる。縄文時代晩期の長野県飯田市中村中平遺跡からは、配石遺構や土坑《どこう》から再葬の各段階の遺構がみつかっているので、発掘調査で得られた情報にもとづいて再葬の過程を再現すれば、

①死亡　↓　②配石での儀礼　↓　③配石墓での土葬　↓　④遺骨掘り起し　↓　⑤焼骨葬　↓　⑥選骨　↓　⑦一部の焼人骨を壺におさめて残った骨を配石墓に埋納

↓

⑧一部の焼人骨を土坑に埋葬

というプロセスであり、じつに複雑な手続きを経ていることがわかる。この儀礼の過程はまさにロベール・エルツさんが分析した再葬の手続きそのものであり、ファン・フェネップさんが体系化した通過儀礼である。

第二の過渡の段階がきわめて長く複雑なのは第三段階の統合、この場合は祖先の世界への統合までが危険に満ちた段階と意識されていたからにほかならない。人の一生のうちにはさまざまな成長の段階があるが、死者となり祖霊となって祖先に集合する過程は人生最後の通過儀礼である。イレズミと同様に、縄文時代晩期に通過儀礼が厳しくなったことがここにもうかがえる。

弥生時代の再葬

長野県域から福島県域の弥生時代初期には再葬が大流行した。この地域の弥生時代の再葬墓には著しい特徴がある。それは高さ三十センチ以上、ときに一メートルに達する壺形の土器に骨をおさめ、それをいくつかまとめて穴に埋めるようになったことである。大型の壺形土器が蔵骨器《ぞうこつき》として多用されることは、縄文文化にはめったになかった。

また、山岳地帯では岩陰から多量の焼けた人骨が出土する場合もあり、そこから指や歯に孔をあけてペンダントにした装身具が出土することもしばしばである。岩陰は一次葬の場所であり、再葬の儀礼で抜き取ってペンダントにし、使い終わって焼人骨とともに廃棄した遺骨処理の場でもあるのだろう。

大型壺を蔵骨器に多用して、遺体や遺骨処理のさまざまな場と儀礼を葬儀のなかに取込んでシステム化した再葬制を弥生再葬、その墓を弥生再葬墓と呼ぶが、弥生再葬墓は西日本からはいっさい出土しない。中部高地地方から南東北地方という東日本の一角で縄文時代の文化をよく継承して葬送儀礼を強化させていったことが、この地域に特色ある再葬が発達した理由である。縄文時代晩期の社会変動が、まだこの地域には強く尾を引いていたのであろう。

弥生再葬には縄文文化と異なるあらたな動きをほかにも指摘することができる。縄文時代の土偶は死とは距離をとる存在であったが、土偶までもが土偶形容器に姿をかえて墓に動員された。その理由は定かではないが、いずれにしてもそれは縄文時代の文化的な伝統、世界観に変化が生じたことのあらわれである。また、くびに顔がついた壺形土器も蔵骨器にされた。この点はあらためて次節で取りあげることにしよう。

土偶形容器の性別

中屋敷遺跡の土偶形容器が女性像であるのは、乳房が表現されていることからわかる。土偶形容器は長野県域や山梨県域でいくつかみつかっているが、そのうち長野県上田市渕ノ上遺跡と山梨県笛吹市岡遺跡からは二体がいっしょに出土した（図67）。渕ノ上遺跡の二体は発見されたときに夫婦《めおと》土偶と呼ばれたが、夫婦かどうかは別にしてもこれらが男女像であることは認めてよい。その理由を以下に記す。

岡遺跡の二体は顔の線刻や体の文様、焼き色や素地などとてもよく似ており、いっしょにつくられたものと思われる。違うところもある。まず大小の区別がある。大きなほうは筒状の頭で、小さいほうはまげを結ったような頭のかたちである。大きなほうが心なしか厳しい顔立ちをしているのに対して、小さなほうはやさしげな顔立ちである。大型が男性像で小型が女性像であろう。

認知考古学という古代人の心に分け入る考古学を専門とする松本直子さんは、日本の考古資料のなかで女性と男性の顔立ちの違いが際立った例として、岡遺跡の女性像と長野県佐久市館《たて》遺跡の男性像を取りあげている。館遺跡例の顔立ちは、岡遺跡の男性像によく似ており、もっと目がきつい。

図67　土偶形容器（岡遺跡出土，
山梨県立考古博物館所蔵）

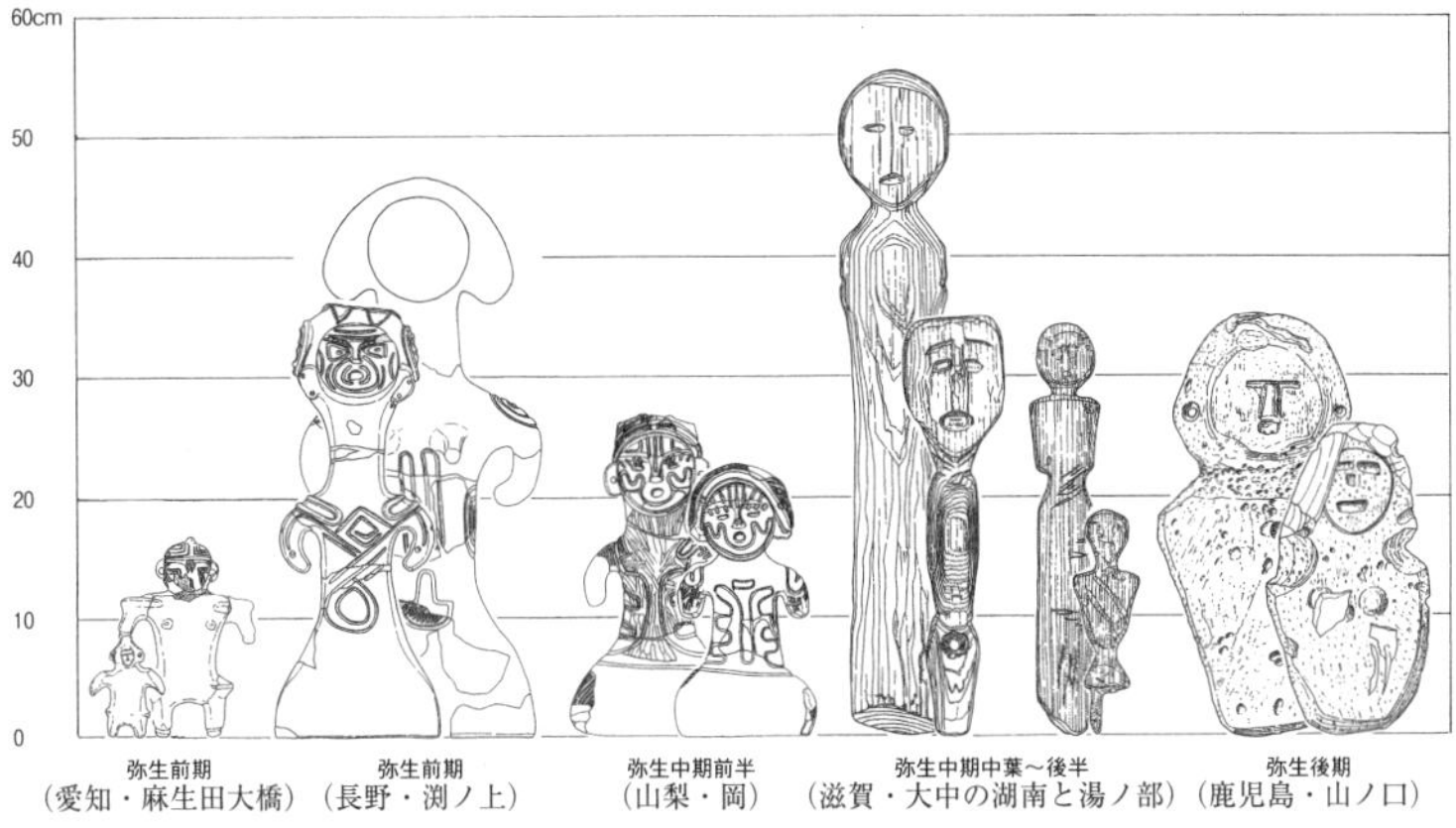

図68　弥生時代の男女像の変化（筆者作成）

渕ノ上遺跡の二体も大型と小型がある。残念ながら大きなほうは頭を失っているが、小さなほうは筒状の頭であり乳房の表現はない。大きなほうは乳房をつけている（図68）。ほかにも単体でみつかった土偶形容器はいくつもあるが、中屋敷遺跡例は女性像であり、まげ状の頭をしている。筒状の頭の土偶形容器に乳房を表現した例をみたことがない。

男女像の成立とその変化

年代の順序は、渕ノ上遺跡例（弥生時代前期後半）→中屋敷遺跡例（弥生時代前期終末）→岡遺跡例（弥生時代中期前半）であるが、並べてみると女性像が男性像よりも大きかったのが、時代が下るにしたがい男性像が大きくなっているのがわかる（図68）。

弥生時代にはもっと古い男女像がある。愛知県豊川市麻生田大橋《あそうだおおばし》遺跡では、土坑のなかに二体の土偶が埋まっていた。大小の土偶であり、大きなほうに乳房がついて小さなほうにはそれがない（図68）。小さなほうは頭のかたちをわざわざ大きな方と違えてつくっているので、手を抜いて乳房をつけなかったのではないだろう。弥生時代前期半ばの時期であるから、渕ノ上遺跡例よりも古い。この遺跡では、さらに一段階古い縄文時代晩期終末の土坑から石棒《せきぼう》と乳房のある土偶がいっしょに出土した。

このように、東海地方の一角で、縄文時代の終末に男女の造形品を一対で副葬するようになり、弥生時代のはじまりとほぼ同時に土偶が男女像になったことがわかる。その段階では女性像が男性像の倍くらい大きい。時代が進み、弥生時代中期になると男性像が大きくなった。岡遺跡例の女性像は乳房の表現がないが、そこにも縄文土偶からの距離をみてとることができる。

それでは男女像の成立の要因はどこに求められるのであろうか。

西日本の弥生時代には木製の偶像、すなわち木偶《もくぐう》が知られている（図68）。滋賀県野洲市湯ノ部遺跡では、大小の二体の木偶が一メートルも離れない至近距離で溝のなかから出土した。大型のほうはずん胴の男性像で、小型のほうは腰がくびれておりたすき状の彫りこみがある女性像であり、男女像だとわかる。鹿児島県錦江町山ノ口遺跡では軽石製の偶像が出土しているが、これもまた男性が大きくて乳房をもつ女性像が小さい（図68）。

アメリカの人類学者、G・マードックさんがまとめた民族誌の集計結果によれば、伝統的な社会における農業にかかわる仕事、たとえば耕作や植えつけの男性と女性の分担の比率はほぼ半々である。このことからすれば、女性像であった縄文土偶が男女一対の偶像に変貌を遂げた裏には、農耕文化が大きく作用していたと考えられよう。

木偶は縄文文化になく弥生時代前期に出現することからすれば、大陸から受容した農耕文化の一環として男女の木偶が生み出され、それが東日本に影響をあたえて土偶が男女像に変化したと考えられる。

それでは、女性像と男性像の大きさの逆転現象はどのように解釈すればよいのだろうか。

銅鐸絵画の三角頭と丸頭

兵庫県神戸市桜ケ丘神岡遺跡から出土した4号と5号銅鐸には人物像を含めてさまざまな絵が描かれていたが、よく似た絵画のある香川県から出土したと伝えられる銅鐸とともに、この三鐸はおなじ工房でつくられた連作銅鐸とされる。

この絵画を分析した佐原さんは天才が描いた絵だと評価していたので、ある座談会で佐原さんとお話をしたときに「この作者は天才ですね？」と問いかけたところ、「そんなことわからへん」とはしごを外されてしまった。あー、きっとご自分が書いたことを忘れているに違いないと佐原さんのおおらかさに冷や汗をかきながらなんとか座を取りつくろったおぼえがあるが、なぜ天才かというと人物を男女で描き分けていたからである。

縄文時代の性別分業の話をしたが、弥生時代にも性別分業があった。マードックさんの民族誌の集計によると、非文明社会の脱穀は女性が受けもち、狩猟は男性が受けもつ傾向が強い。これらの銅鐸の絵は、脱穀をする人たちが三角頭で描かれ、狩猟をする弓をもった人物が丸頭で描かれているのである（図69）。女性を三角頭で、男性を丸頭で表現して描き分けたというのが佐原さんや、おなじく弥生文化を研究していた都出比呂志《つでひろし》さんのみたてであった。

わたしはその意見をもとにして、三角と丸が髪型や頭の状態をあらわしているのではないかと考えた。その論証に使ったのが、土偶形容器と『魏志』倭人伝である。中屋敷遺跡の後ろにまわって髪をみると真ん中分けの線をちゃんと描いている。岡遺跡の男性像は筒状の頭だが、ターバンのような隆起帯がめぐっている。『魏志』倭人伝には女性は髪の毛をまげて結っており、男性は頭に木綿《ゆう》という木の皮の繊維でつくった布状の鉢巻をしているとの記載がある。倭人伝は倭人の実態を記しているのではないか、そして土偶形容器はその実態を表現しているのではないだろうか。

桜ケ丘神岡5号銅鐸の絵画には、男女の謎のやりとりがある。丸頭の人物の左右に三角頭の人物を描く（図70）。つまり男性を真ん中にして左右に女性を描き、右側の女性は男性に頭を押さえられ腰を折り曲げた様を描いている。棒を握っているのがどちらの人かによって全体の解釈が変わる。左の女性が棒を握っているとすれば、いさかいをしている二人の女性に男性が割って入り女性同士の争いをとめている絵とみることになり、男性が握

図69・70　男女を描き分けた銅鐸の絵画

図69-1　(伝)香川県出土銅鐸(東京国立博物館所蔵)

図69-2　桜ヶ丘神岡遺跡出土5号銅鐸(神戸市立博物館所蔵)

図70　桜ヶ丘神岡遺跡出土5号銅鐸(同所蔵)

っているとすれば、男性が女性の頭をつかんで棒でたたこうとしているのをもう一人の女性がとめている絵とみることになる。毎年講義で学生にどちらがよいか聞いているが、こたえが分かれる。銅鐸を研究した多くの方は、男性が女性同士のいさかいを仲裁していると考えた。

棒を握っているのは男性である。握った棒を振りおろすのをとめるときに、手よりも下にある棒の先を握るのは不自然だと春成さんは考えた。足の先の向きからしても、男性と右側の女性が向き合っていると考えるのがよい。男性を中心にひときわ大きく描いているのは、女性よりも男性が優位に立っている状況を表現したとみるのが妥当である。

『魏志』倭人伝には、倭人は一夫多妻であったことと夫人は嫉妬深くないことを記している。大林太良さんは、姉妹が同一の夫と結婚する一夫多妻婚の場合に妻同士の平和が保たれやすいという傾向から、このような婚姻形態を仮定すると倭人伝の記述も理解しやすくなるとした。桜ケ丘神岡5号銅鐸の男女のいさかいに適応できればおもしろいのだが。

男と女のパワーバランス

都出さんは、銅鐸の絵画のいろいろな生物の関係性から弱肉強食の世界が描かれているという先行研究を参考にして、桜ケ丘神岡5号銅鐸などがつくられた弥生時代中期後半に男性の権威が高まった社会を想定した。

佐賀県吉野ケ里遺跡で弥生時代中期前半の大型の墳丘墓が発掘調査された。墳丘の上からひときわ大きな墓坑《ぼこう》の甕棺墓を真ん中に、十数基の甕棺墓がそれを取り巻くように検出された。真ん中の墓を含むおよそ半分の甕棺墓に青銅の剣が副葬されていた。身分の高い一族の墓と思われるが、剣が副葬されたのは通常は男性であることからすると、男性を中心とした墳墓であることがわかる。

弥生文化の青銅器のルーツは朝鮮半島にある。北部九州では弥生時代の中期になると、朝鮮半島に加えて中国からの文物が輸入され模倣された。この時期の中国は父系制を敷いていたので、弥生時代中期に大陸文化の影響によって男権がまさる階層化社会に移行していったのではないかというのが都出さんの考えであり、わたしもそう考える。

先史考古学の甲元眞之さんや春成さんは、弥生墓地の分析から北部九州は双系制であったが近畿地方は父系制であるとした。この意見には歯の遺伝的な性質による形質人類学的な分析によって、弥生時代はまだ父系制にいたっていないとの反論があり、これから研究が深まっていくことが期待される。

東日本の土偶が男女像になるにあたって、当初は女性像が大きかったのは女性原理にもとづく縄文土偶の伝統が作用したからである。土偶形容器がつくられて弥生時代中期になるころ男性像が大きくなるのは、西日本の偶像の影響によるのであろう。東日本における男女像の成立と男性像の大型化は、父系制を敷いていた大陸からの影響が西日本を介して間接的ながらも東日本へと及んだ結果ではないだろうか。

しかし、三世紀に女王がたてられる状況からすれば、男権がまさっているのも相対的な状況といわざるをえない。弥生時代の男性の権威は、戦争などを通じて高まるという世俗的な性格をおびたものであった。その一方で、戦におさまりがつかないときには女王が立てられて、鬼道という宗教的な権威によってそれをおさめた。この時代、世俗的な男権も淘汰されるような男女の危い均衡の上に平和が成りたっていたことも見逃せない。

顔壺にさぐる黥面の継承と変容

人体になぞらえた弥生時代の容器には、土偶形容器と並んで人面付土器がある。顔壺と呼ばれるように、腹がふくらんでのどのくびれた壺形土器の口縁部に顔をつけている。顔壺を分析する前に、弥生時代における壺形土器の意義についてかんたんに整理しておきたい。

弥生式土器と弥生土器

弥生時代、弥生文化という名前は、一つの壺形土器に由来する。一八八四年（明治一七）に、いまの東京大学農学部の付近、弥生町にあった向ケ岡貝塚で壺形土器が発見された。みつけたのはのちに東京帝国大学工学部の教授になる有坂鉊蔵《しょうぞう》さんであり、アイヌ・コロボックル論争で名をはせた坪井正五郎《しょうごろう》さんと白井光太郎《みつたろう》さんもいっしょであった。みな学生や予備門の生徒だったころである。東京帝国大学人類学教室では、土器が発見された弥生町という地名にちなみ、類例を含めて「弥生式土器」と呼ぶようになった。

この手の土器をいまは「弥生土器」と呼んでいる。わたしを含めてすこし年配の人は教科書で「弥生式土器」と習ったと思うが、なぜ「式」がとれたのだろうか。

モースが大森貝塚を発掘して土器がたくさん出てきたが、土器につけられた縄目の文様を索紋《さくもん》、土器は索紋土器と呼ばれた。索とは縄や綱のことを意味するが、やがて縄紋土器、縄文土器と呼ぶようになった。その後、貝塚の発掘調査が進み縄文土器にも遺跡によって差のあることがわかってきたのは前章で話したとおりであり、大森式土器や陸平《おかだいら》式土器は特徴の差によって命名された型式名である。弥生町の土器も貝塚から発見され、おまけにこの土器には縄文がついていたものだから、縄文土器とおなじ石器時代の土器の一型式として弥生式土器と名づけられたのである。

弥生式土器に炭化米や金属器がともなうことが知られ、縄文土器と時代が違うのではないかと考えられるようになったのは大正年間から昭和初年にかけてであり、そうなれば縄文土器の細別である「式」をとるべきだったのが、逆に縄文土器も「縄文式土器」と呼ぶようになってしまった。こうしたいきさつを調べあげて整理し、縄文式土器、弥生式土器から「式」をはずしたのが佐原さんであり、一九七五年（昭和五〇）のことであった。

農耕文化と壺形土器

前節で、弥生再葬墓では壺形土器が蔵骨器に多用されているといったが、日々の営みのなかでも壺形土器が大きな役割を果たしていたことが重要であり、それが弥生文化の特徴である。弥生時代という名の由来が壺形土器であったのも、象徴的な意味をもっている。

いま、考古学界では「レプリカ法」という分析方法が流行している。土器は粘土をこねてつくるが、その際にまわりに散らかっていたものが混入することがある。混入物が有機質であれば、焼成とともに焼け落ちてくぼみとなって残る。歯医者さんで歯の型をとるのに使うシリコンをくぼみに注入し、はがして型（レプリカ）を作成し、電子顕微鏡で観察して植物の種実であれば種を同定するのがレプリカ法である。

混入物がたとえば稲籾《いなもみ》だったとしよう。くぼみの主である稲籾は土器と同時に存在していたわけだから、土器がつくられた時期に稲作がおこなわれていた可能性を考えるための物証となる。学界では縄文時代前期から稲作などの穀物栽培がおこなわれていたのではないかという意見があったが、レプリカ法の進展により日本列島で穀物は縄文時代晩期終末にならないと出現しないことが確認されている。ただし、みつからないからなかったと本当はいえない。事例を増やすことでそのたしかさをさらに高めていかなくてはならないが、農耕の起源などを考えるうえで重要な分析方法であることにかわりはない。

レプリカ法による分析を通じてわかってきたことは、縄文時代晩期終末から弥生時代中期中葉にかけて、穀物の増加と土器全体における壺形土器の比率の高まりが同調していることである。弥生時代の生活に使われた土器は、壺形土器に加えて煮炊きに使う甕形土器、盛り付け用の高坏《たかつき》形土器、とりわける鉢形土器などさまざまだが、全土器のうちの何割が壺で占められているのかわかれば、生活における壺の重要性を判断するバロメーターになる。

弥生文化揺籃の地、北部九州の縄文時代晩期に壺形土器はほとんどなかったが、早期という弥生時代のもっとも早い段階で一割ほどみられるようになり、百年ほど経た弥生時代前期には三〜五割になる。中部高地や関東地方でも穀物栽培を開始する縄文時代晩期終末に壺形土器はおよそ一割だったのが、弥生時代前期におよそ二〜三割、本格的な水田稲作が普及する中期中葉に五割ほどになった。壺の比率の増加が穀物圧痕の検出率の増加とおおむねシンクロしているのである。弥生文化はイネやアワ・キビの穀物栽培を中心とする農耕文化であり、それと壺形土器が切っても切れない関係にあることがわかる。

図71　新石器時代の顔壺（中国・南宝力皋吐墓地出土）

壺の象徴性と顔壺

世界の初期農耕文化をみわたすと、壺形土器が重要な器であるのは日本列島ばかりではない。中国や朝鮮半島もそうだし、西アジアでもおなじである。壺の用途の一つに、穀物の貯蔵があげられる。壺はくびがすぼまっているので、それだけ湿気を防ぐことができ種籾《たねもみ》の貯蔵などにうってつけだったのだろう。

煮炊きに使う甕形土器はすすけてしまうから、文様などで飾ることをあまりしない。それに対して壺形土器はあまり汚れることがなく大事にされて飾られることが多い。西アジアや中国の新石器時代には、彩文土器というきれいな色で文様を描いた壺形土器がさかんにつくられたし、朝鮮半島では真っ赤に塗られる場合もあった。貴重品をおさめる器としての象徴的な意味をそなえていることも、壺が飾られた理由であろう。

壺形土器は腹がふくれてくびがすぼまり丈のやや高い口がつく。これを人体になぞらえて口に顔をつけるのは、弥生時代の顔壺ばかりではなく世界的な傾向であり、その背景には農業の普及とそれにみあうシンボルの創造があった（図71）。

再葬墓の顔壺の系譜と役割

東日本の弥生再葬墓から出土する顔壺の表情は、土偶形容器とよく似ている。目のまわりや口を囲むように線刻がなされているのは、イレズミの表現であろう。その様式は遮光器土偶の末裔《まつえい》である、東北地方縄文時代晩期終末の髪を結ったような表現の結髪《けつぱつ》土偶の流れを汲んでいる（図72）。縄文時代晩期終末の関東地方には、口縁部に顔をはりつけた土器がある。壺形土器ではなくて深鉢形土器であり、つけられた顔は黥面土偶とおなじである。

したがって顔壺は、西日本からの農耕文化の影響によって増えていった壺形土器を人体にみたて、土偶形容器とおなじく縄文時代晩期の東北地方や在地の土偶の伝統を引きついだ顔を口に描いて成立した、伝統と革新が織りなすハイブリッドな造形品といってよい。

その役割はなんだろうか。まず、壺である点と墓から出土すること、さらには一つの弥生再葬墓遺跡で壺形土器が百個ほど出土したとしても、顔壺は一つしかない場合がほとんどであることが特徴である。したがって、葬送儀礼における象徴的な造形品であったといえ、ほかの壺形土器などの蔵骨器といっしょに再葬墓に入れられているので、それ自体が

図72-１　結髪土偶（釜渕遺跡出土，正源寺所蔵）

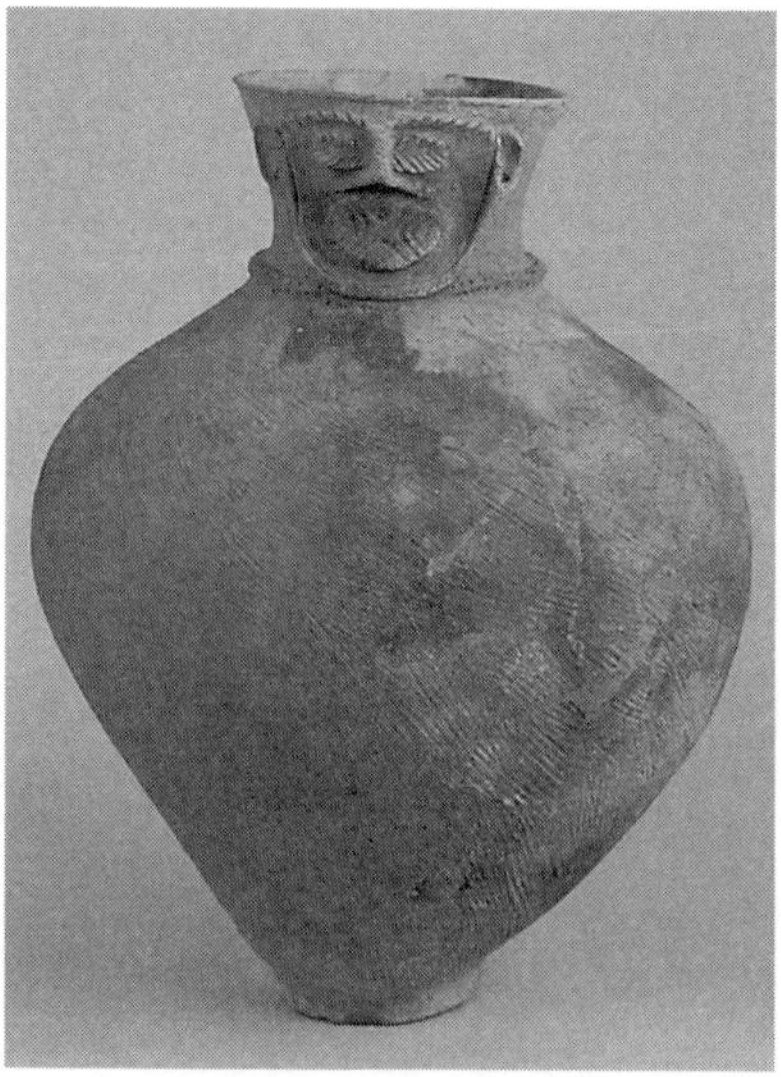

図72-２　顔壺（小野天神前遺跡出土，茨城県立歴史館所蔵）

墓を代表する蔵骨器であった可能性が高い。

再葬に祖先の仲間入りという目的を考えたが、そうであれば顔壺は祖先の像とみなされた可能性があり、小林行雄さんなどはそうした見解をとっている。喜怒哀楽を感じさせず、異形としての誇張表現のない点も祖先の像とみるのがふさわしい。祖先の像であれば性を超越した存在と認識されていたかもしれないが、そのプロポーションは女性像であったほうがしっくりする。埼玉県熊谷市前中西遺跡の顔壺には乳房が表現されていた。弥生再葬墓よりあたらしい時期の資料であるが、弥生再葬墓の顔壺が女性像であった可能性を考える手がかりの一つにはなるだろう。

西日本でも弥生時代の顔壺は知られているが、墓から出土した例はない。弥生再葬墓のない地域だからかもしれないが、弥生再葬墓とは異なる系譜と目的で出現したとみたほうがよい。

西日本の顔壺とその東漸

西日本の弥生時代でもっとも古い顔壺は、第三章で取りあげた岡山市田益田中遺跡の弥生時代前期の壺形土器である（図32－②）。破片なので全体像はよくわからないが、ヒョウタンのかたちをした土器の上側のふくらみを顔にみたてたと思われる。目がくりぬかれているのが東日本の土偶形容器や再葬墓の顔壺と大きく違う点である。口元の弧線は縄文

図73　人頭形土製品（上原遺跡出土，総社市所蔵）

図74　顔壺（目垣遺跡出土，茨城市立文化財資料館所蔵）

図75　顔壺（蛭畑遺跡出土，神奈川県立歴史博物館所蔵）

時代後・晩期の東日本の土偶によくみられる装飾である。したがって、東日本の文化の影響を受けながらこの地域の独自性も入れて生み出された顔壺といえる。岡山県総社市上原《かんばら》遺跡の人頭形土製品は、ヘルメットのようであり、黥面で目がくりぬかれている。頭に隆起帯をもつ（図73）。

西日本では弥生時代前期の顔壺はこれだけだが、兵庫県神戸市大歳山遺跡で非黥面の土偶形容器が出土している。大歳山遺跡例の時期はよくわからないが、上原遺跡の土製品や

図76　顔壺（三島台遺跡出土，市原市教育委員会所蔵）

鴨部・川田遺跡例の黥面土偶（図56）があり黥面が浸透している一方で、西川津遺跡例のような非黥面の土製品（図57）があるという二重構造が弥生時代前期にすでに成立していたことを再度記しておきたい。二重構造の成立は、女性がイレズミをしなくなったか大陸の影響によるか、いずれかあるいはその両方であろう。

それに続く弥生時代中期初頭の顔壺として、大阪府目垣遺跡の事例（図74）を本章第二節であげた。非黥面であることもすでに指摘しておいたが、目垣遺跡例にはほかにもこれから述べる東日本の弥生時代中期後半以降の顔壺との比較で興味深い点がある。頭頂部がまるく閉じた状態であり、ヘアバンドのような隆起帯がめぐる点である。

静岡市有東遺跡、神奈川県横須賀市蛭畑《ひるばたけ》遺跡（図75）、千葉県市原市三島台遺跡（図76）と、東海道筋に頭頂部がまるく閉じた顔壺が点々と出土する。いずれも弥生時代中期後半であり、在地の土器ではあるが近畿地方からの影響を受けて出現した顔壺である。三島台遺跡例のヘアバンドのような隆起帯は、目垣遺跡例から受けついだ装飾だろう。斜め上を向いているのは西川津遺跡の人頭土製品とおなじだ。

顔壺にみる黥面の継承と変容

関東地方の顔壺に二種類があること、すなわち弥生再葬墓にともなう古い段階の種類と、いま紹介した弥生時代中期後半のあたらしい種類の二つの区別があることは、弥生文化を研究する石川日出志さんや黒澤浩さんがあきらかにした。古い段階の顔壺が墓にともなうのに対して、新しい段階の顔壺は墓とは関係なく出土することから性格が異なり、後者が西日本にルーツがあるとされたのも問題はない。ただし、これらに共通するのが非黥面だとされていた点はみなおさなくてはならない。よく観察すると、三島台遺跡例は目の上下に弧線があるのに気づく。一見、二重まぶたと涙袋の表現とみられがちだが、そうではなく以下のようにこれも黥面の表現である。

京都府向日市森本遺跡から出土した弥生時代中期の顔壺は、近畿地方の事例としてつとに名が知られており、非黥面とされていた（図77）。関東地方の中期後半の資料が西日本とつなげて理解された一因は、非黥面とされるこの資料が頭にあったからであろう。しかし、森本遺跡例には三島台遺跡例とおなじような線刻がある。そして、長野県松本市百瀬遺跡から出土した弥生時代中期後半の顔壺は、一本の線で目のまわりに線刻を入れている（図78）。つまり、これらの簡単な線刻はみな目を取り巻くイレズミが簡略化していった結

図77　顔壺（森本遺跡出土，向日市教育委員会所蔵）

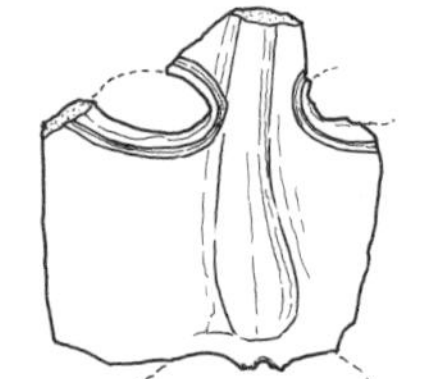

図78　顔壺（百瀬遺跡出土，筆者作成）

果である。大阪府八尾市亀井遺跡出土の水差し形土器の人物絵画が目を取り巻く黥面の表現であるとすれば、近畿地方、中部高地地方、関東地方では弥生時代中期後半まで黥面は残っていたのである。

その後、弥生時代後期になるとこれらの地域から黥面の表現はなくなる。有馬遺跡の顔壺とその類例にイレズミはない（図19－1）。黥面が弥生時代終末の三世紀になるとふたたび複雑な線刻として復活することは第三章で述べたが、そのことのもつ意味はエピローグにゆずる。

本章の最後に、有馬遺跡出土の顔壺の誇張表現の起源について検討することにしよう。

有馬遺跡の顔壺は耳などの顔のパーツが極端に大きくつくられており、異形《いぎょう》の表情は盾持人埴輪に通じることを第二章「方相氏と「鬼は外」の起源」で論じた。その背後に方相氏の影響を考えたのだが、その一方で耳や鼻の誇張表現はもっとさかのぼった時期に認めることができる。長野市榎田遺跡や松原遺跡から出土した弥生時代中期後半の顔壺は耳や鼻が大きめに変化しており、非黥面という点を含めて有馬遺跡の顔壺の祖形の可能性がある。

辟邪思想の由来をめぐって

春成さんは清水風遺跡の戈と盾をもつ人物像などから、弥生時代中期後半に方相氏の思想なりが近畿地方に入っていた可能性を考えた。奈良県唐古・鍵遺跡から出土した二階建て以上の高層建物を描いた絵画（図79）は、漢文化がこの地方にまで及んでいたことをうかがわせるのであり、春成説に有利である。

春成説を認めれば、方相氏の影響が弥生時代中期後半の近畿地方から中部高地地方にまで及び、辟邪の役割が顔壺に付与されたと考えてもおかしくはない。

図79-1　高層建物が描かれた土器（唐古・鍵遺跡出土，田原本町教育委員会所蔵）

図79-2　中国漢代の楼閣の明器（中国・寧津県龐家持村出土）

異形の精神史――エピローグ

異形へのまなざし

本書では、縄文時代から古代までの各時代における顔の代表的な造形品、具体的にいうと縄文時代の土偶《どぐう》、弥生時代の土偶形容器と顔壺、分銅形土製品、黥面《げいめん》絵画、仮面、古墳時代の黥面埴輪《はにわ》、盾持人《たてもちびと》埴輪、律令期の人面墨《ぼく》書《しょ》土器などを取りあげ、異形《いぎょう》の表現を中心にあれこれ話を進めてきた。とくにイレズミや装身具、誇張表現、辟邪、笑いなどの視点からこれらをとらえなおし、遺物の出土状況やほかの遺物などとの関係性に焦点をあてて、異形が果たした役割をさぐった。いずれの顔の造形品にも、それぞれの時代の息吹が反映している。

論じ残したことも多い。これまで時代ごとに顔からなにがわかるのか読み解いてきたが、そこで論じ残したことがらは、時代をまたぐことにより、あるいは前後の文化と比較することによってはじめて歴史的な文脈のなかに位置づけることのできる課題である。最後にテーマ別に問題を立てて、顔の造形、異形の役割が時代を通じてどのように変化してきたのか、その変化がいかなる社会的背景の変質によって引き起こされたのかながめていくことにしよう。

いにしえの異形へのまなざしはいかなるものであったのか。それは日本人の先史・古代における精神史の一端を垣間みることでもある。

縄文人の顔と精神

もう十年ほど前になるが、渋谷の小さな映画館で「セデック・バレ」という映画をみた。この映画は台湾の監督の作品で、日本が台湾を統治していた一九三〇年（昭和五）に起こった霧社《むしゃ》事件という実話をドラマ仕立てにしたものである。

台湾の高地に住むセデック族の男性は、日本の統治下にあって〝出草《しゅっそう》〟という首狩りとともにイレズミも禁止されていた。出草はかれらが成人男性になるための試練であり、それをなしとげた証《あかし》にイレズミをする。女性は機織《はたお》りが上手になった印としてイレズミをした。イレズミには虹をわたって祖先の国に行くための通行手形の意味もあり、映画のタイトル「セデック・バレ」はイレズミをした〝真の人〟をさす。

事件の発端は、理蕃《りばん》と呼ばれる台湾原住民の統治業務を担った警察と原住民であるセデック族の男性とのささいなできごとであり、それが首狩りをともなう多数の死者を出す大規模な抗争に発展した。事件は複雑であり、単純に日本政府と原住民セデック族の対立という側面だけでは理解できないようだが、映画の主題である異民族統治における伝統的文化の否定に事件の遠因があったことは、この事件に対する研究においても指摘されていることであり、本書のテーマとふれあう。

縄文文化のイレズミの起源と意味は、みずからの社会を律するための〝自然法〟的な取り決めであった。それはセデック族のイレズミにみるようなアイデンティティー――自己認識――にかかわるものであって、台湾原住民ばかりではなくアイヌ民族や沖縄の人々にも共通して認められる文化的な習俗であった。

ダブルハの字文というイレズミのある土偶や黥面土偶は、抜歯《ばっし》儀礼とあわせると男女の隔てなく帰属意識を高めて自己認識のよりどころとした通過儀礼の形象であるといえるだろう。そこに辟邪《へきじゃ》の様相をうかがうのはむずかしい。縄文時代には専門の武器がなく、殺傷人骨もいたって少ない。縄文土偶は女性原理にもとづく豊饒《ほうじょう》の造形品であり、表情の茫洋さとともに相対的に平和な縄文人の精神の一端が反映している。
そのような縄文文化がやがて弥生文化へと置きかわっていくわけだが、縄文時代に首狩りの習俗はなかったし、大量虐殺をともなうような確執は縄文文化と弥生文化の間にはなかった。そういう意味ではセデック族と日本政府の対立を縄文文化と弥生文化の関係に投影するのは不適切である。しかし、述べてきたようにイレズミがやがて差別の対象になるのは、近代日本の南北地域やセデック族がおかれた状況とおなじである。

土偶を男女像にかえた大陸文化

西日本では、弥生時代中期まで黥面の造形品があり、縄文的な文化が継承されていたことを物語っている。その一方で、弥生時代前期にすでに非黥面の顔の造形品が成立しているが、この黥面と非黥面の二重構造に二つの解釈を加えた。一つは鳥に関する造形品より類推した、イレズミの習慣のない大陸から農耕文化が導入されたことによるとする解釈、もう一つは分銅形土製品という女性像にイレズミの表現が消えていることにより黥面、非黥面を性差であるとする解釈である。

東日本の弥生時代の土偶形容器は、一対でつくり使われた偶像である。縄文時代の土偶の多くが女性像であったのに対して土偶形容器は男女像であることを論じ、その背景に縄文時代の採集狩猟の性別編成から弥生時代の農耕の男女協業への変化を推測した。成立当初の土偶形容器は縄文土偶を引きついで女性像を大きくつくるが、やがて男性像が大きくなるのは、西日本の銅鐸《どうたく》絵画や墳丘墓の副葬品などからわかるように男権が強まっていくことの反映である。

黥面と非黥面の二重構造が非イレズミの習慣の導入であるにせよ、男女の習俗の変化であるにせよ、いずれにしても弥生時代に大陸文化の影響が及ぶことで縄文的な文化が変質あるいは消滅したのである。また、世俗的な分野で男権が高まるが、その一方で宗教的な権威を女王が受けもつという男女のパワーバランスの変化のなかに、周辺諸国にない独自色をみることができる。

黥面、非黥面は男女の問題ばかりでなく、それと関連しあいながら別の社会構成の局面でたいへん重要な問題を提起している。それは戦争とのかかわりである。

通過儀礼強化の二つの画期

日本列島の先史時代から古代にいたる黥面の造形品には、線刻が複雑化する二つの時期があった。一つは縄文時代晩期後半、紀元前千年紀の黥面土偶であり、もう一つは弥生時代終末期、三世紀の黥面絵画である。顔壺などからわかるように、弥生時代中期以降、黥面の造形全体が衰退に向かうなかで、一部の地域において三世紀にそれが復活した。

この二つの現象には年代的な断絶があり、前者は東海地方から中部高地、関東地方、後者は吉備地方と濃尾地方と分布する範囲にも差があるように、お互いの直接的な関係はない。しかし、いずれも社会的な変動期であり、危機的な状況に満ちた世の中だという点は共通している。前者は気候寒冷化にともなう社会衰退の危機、後者は倭国乱による社会変動の危機であった。

黥面造形品の線刻の多条化、ひいては実際のイレズミの複雑化はいずれもそうした危機的な状況を回避して立ち向かうための通過儀礼の強化を背景とする。そのうちの前者に辟邪の意識はないが、後者はその意識が強い。抜歯を含めた縄文時代の身体毀損《きそん》をともなう通過儀礼が男女ともになされたのに対して、弥生時代のイレズミが男性だけの通過儀礼になったのは、戦士の仲間入りというあらたな事態に応じた変化であるという学説を第五章「弥生時代の顔の表現」で紹介した。それを認めれば、イレズミ複雑化の第二の画期は戦争という縄文時代になかったあらたな文化的・社会的な対人関係の変化によって生じたといえる。

イレズミ復活の背景

第三章「黥面考」で、三世紀の黥面絵画の変則的な分布にふれた。すなわち、近畿地方で黥面絵画はまったくといってよいほど認められないのに対して、その両隣の吉備地方と濃尾地方ではむしろ線刻を複雑化させて復活する状況である。この三つの地域の間にはどのような関係があったのだろうか。

二世紀末〜三世紀に成立する奈良県纒向《まきむく》遺跡は、この問題を解くカギを握っている。纒向遺跡は突如として生まれた巨大な集落であり、大型の建物が軸線上に設けられ、運河のように大きな溝が掘られ、遠隔地の土器が西から東から入ってくるように物流の拠点をなし、大型の首長墓が築かれることなどから、日本で最初の都市ではないかという説がある。

それに加えて、これらの文化要素のなかには中国大陸由来の要素が含まれているのが特徴であり、方相氏《ほうそうし》という中国思想の導入もその一環である。纒向遺跡を中核とする畿内地方に邪馬台国《やまたいこく》をおくと、三世紀の黥面絵画が畿内地方では欠落しているという謎の分布に対する合理的な解釈を導くことができる。中国では古くからイレズミは墨刑という刑罰であったから、中国との関係を深めていったことによって畿内地方はイレズミを過去の習俗として捨て去ったのではないだろうか。

そうなると、イレズミの再度の複雑化を共有した両隣どうしの関係性が問題になる。

図80　弧帯文がほどこされた板
（纒向遺跡出土，桜井市教育委員会所蔵，筆者作成）

三世紀の吉備地方と濃尾地方を結ぶ考古資料は、黥面絵画とともに弧帯文という特殊な文様デザインである。弧帯文は、岡山県倉敷市楯築《たてつき》など首長の墳丘墓に立てられた特殊器台という土器や板にほどこされた（図80）。特殊器台はやがて古墳の埴輪に変化するので、弧帯文は首長層にかかわった文様といってよい。

『魏志《ぎし》』倭人伝に文身《ぶんしん》は諸国で差があるとの記述はあるが黥面にはふれていないところから、黥面は諸国間で共通していたことが暗に示されており、黥面絵画の共通性はその証拠だという解釈がある。吉田晶さんは、黥面の共通性を〝部族同盟〟の証《あかし》と考えた。帰属意識の表現である黥面や弧帯文を連合の証とみることができるとすれば、史料には残されていないが吉備地方と濃尾地方は畿内地方を通りこして結びつくような関係が三世紀にあったことになる。そして、その背景に倭国乱を想定すれば、つぎの疑問が生じる。

倭人伝の地理的な記述からすると、大きな勢力であった投馬国《とうまこく》が狗邪韓国《くやかんこく》から邪馬台国にいたる進路の手前にあり、狗奴国《くなこく》がさらにその向こうにある。狗奴国の所在地を濃尾地方とすれば、邪馬台国と狗奴国はもともと仲がわるいと倭人伝が記すのを素直に理解できるが、投馬国が吉備地方一帯にあるとすればその勢力は倭国乱の際に邪馬台国連合に加わっていたとされているので、この関係をどのように理解すればよいのか考えこんでしまう。わたし自身のあらたな研究課題としておきたい。

帰属意識の政治的利用

三世紀に畿内地方から黥面絵画がなくなることと、この地方にヤマト政権が成立してイレズミを政治的に利用していくことは連続性をもっているように思われる。

畿内地方で成立した『古事記』と『日本書紀』には、縄文時代以来の黥面に対する意識の変化が推定できる。その要諦は差別意識である。記紀の黥面文身の記述は、それが下層階級の人々やまつろわぬ人々の習慣であり、イレズミを罪や罰の印としている。ヤマトにはない隼人《はやと》系あるいは蝦夷《えみし》の習俗であるとして民族固有の習慣を否定的にとらえ、それを中心—周縁という関係性から政治戦略の道具に転化したのがありありとわかるし、そこに日本版中華思想を読みとることができる。

五〜六世紀の古墳時代中期〜後期に黥面埴輪が近畿地方にあらわれる一方で関東地方に別の様式の黥面埴輪がつくられたのは、のちに隼人や蝦夷と呼ばれる系譜の人々を造形したからだと考えた。黥面埴輪に記紀の記述ときわめてよく似た属性が認められることからすれば、中華思想にもとづく周縁支配戦略は五〜六世紀にまでさかのぼるであろうし、三世紀の弥生時代に芽生えていたことになる。

イレズミ政策にみるように、おなじ文化を共有している集団にとってみずからのアイデンティティーの表出としてあたりまえとされてきた表現が、文化を共有しない他者にとっては異様な習慣とうつり、その間に支配、被支配といった格差が生じるようになるとその文化の保持者が不当な扱いを受けるにいたる。文化のこうした政治的な利用、セデック族やアイヌ民族などに共通の近代的な病理の根は深い。〝異形〟という観察者的な言説自体、すでにその傾向をはらむ。

顔からみた弥生文化の四つの特徴

このようにみてくると、のちの時代につながる社会の大きな変化は弥生時代にあったことがわかる。弥生文化の特徴は数々あるが、顔の造形品からうかがうことができた点について、縄文文化との比較やその後の古墳時代、律令期に引き継がれる要素を踏まえながら整理すれば、以下の四つになる。

① 戦争と辟邪思想のはじまり。
② 男女間のパワーバランスの変化。
③ 支配・被支配にもとづく不平等な格差社会の出現。
④ 大陸との交通関係の頻繁化、緊密化によるグローバリゼーションの拡大。

これらが絡みあいながら、顔の表現とそこに根差す精神性が変化をとげていった。縄文時代は相対的に平和な時代であったが、弥生時代に戦争が激しくなり、専門の武器があわれて武器をもつ戦士の絵画が描かれた。また、弥生時代の顔の誇張表現から敵を明確に意識した辟邪思想がこの時代に芽生えていることを説いた。これに対して縄文時代の土偶の表情に辟邪思想はうかがうことはできない。遮光器《しゃこうき》土偶や鼻曲がり土面など、顔の誇張表現はあるが（図81）、いずれも祖先祭祀にかかわる表現であり、敵対するものはいない

図81-1　遮光器土偶（是川遺跡出土，八戸市埋蔵文化財センター是川縄文館所蔵）

図81-2　鼻曲がり土面（蒔前遺跡出土，一戸町教育委員会所蔵）

のである。

男女の関係性の変化の裏には生業の組みかえがあったが、戦争もまた大きな要因をなしていた。男女間の格差や支配構造に根差す格差社会の出現にも、戦争が大きな働きをもっていたであろう。中央と周縁世界の形成によるマイノリティーの出現、支配という論理にもとづいた不平等など、縄文時代にはなくて弥生時代にあらわれた現象の数々が顔の造形に変化をもたらした。

これらの変化のいずれも大陸に由来することが重要だ。日本列島と朝鮮半島との距離はわずかであり、縄文時代にひんぱんに交流が重ねられていたとかつては考えられていた。しかし、近年厳密に遺物の相互比較がおこなわれることによって、緊密な交流はごく限られた時期にすぎないことがわかってきた。縄文時代は概して島国の閉鎖社会であった。

弥生時代早期に農耕文化が導入され、中期に鉄器が流入して青銅器も普及するようになるが、このとき日本史上はじめて大陸との往来が頻繁化し、緊密化したのである。一種のグローバリゼーション的な世界の拡大の結果だといってよい。

それはのちの古墳時代や律令期に、中国など大陸から武器を含むさまざまな物資や情報が流入する起点でもあった。また、鳥取市青谷上寺地遺跡の弥生時代後期の人骨に脊椎《せきつい》カリエスの症状が確認され、結核菌による伝染病が流入した証拠もあがっている。律令期に猛威をふるう伝染病と、それに対処するための儀礼の展開もまた弥生時代に起点が求められる。

弥生時代の戦争の実態

グローバリゼーションが日本列島に格差社会や戦争をもたらしたとしてきたが、弥生時代の戦争の実態となるといま一つよくわからないことが多い。防御施設といっても環濠《かんごう》はすぐに埋まってしまったり、高地性集落のなかには普通の村とあまり変わらない生活を送っている集落もあるようで、畠作中心の生業活動や交通に関した立地条件の差だという意見も根強い。

一般的に考古学で戦場の跡をみつけるのはむずかしいが、史上名高い倭国乱の実態も不明であり、あえてその可能性のある資料をあげるとすれば鳥取県青谷上寺地遺跡の百体をこえる人骨がバラバラな状態で出土し、そのなかに殺傷人骨が多数含まれていた例くらいである。

青銅製の武器も木製の武器とともに、導入後まもなく農耕儀礼などの祭りの道具になってしまう。二世紀の日本列島では銅矛《どうほこ》を大型化した北部九州と銅鐸を大型化した近畿地方が二大勢力圏として覇権を競っている状況が想定されていて、倭国乱の考古学的な状況証拠と考えられている。しかし、青銅器を複数まとめて埋める行為は両者に共通しており、なおかつ刃や鰭《ひれ》を立て互い違いにしてそれらを埋めるという様式の共通性は、対立自体が相対的なものであることを物語る。

弥生時代の戦士の絵画は、エジプトやアッシリアの壁画、中国の兵馬俑《へいばよう》（図82）などにくらべれば緊迫感を欠いた子どもの絵のようなものである。

弥生時代はさまざまな考古資料や文献からみて、縄文時代の争いと格段に差のある戦いが勃発していたことはたしかであり、血なまぐささは比較にならないほど高まったといえる。しかし、諸外国の古代国家形成期の戦と比較しておだやかな印象を受けるのは資料不足のせいだけではないようだ。

古代の鬼によせて

弥生時代以降の戦争や辟邪の実態をよその国の事例などから相対的にみていけば、古代の鬼の絵と説話が中世の六道絵のようなまがまがしいものではなく、どこか哀愁を帯びていることのよってきたるところも読み解けるのではないだろうか。

古墳時代の埴輪は、中国の思想も取り込みながら一生懸命に武器や武装した人物をこしらえている。五世紀の古墳に副葬された鉄鏃や甲冑などの武器武具の量は、軍事的な装備

図82　アッシリアの壁画(右)と中国の秦始皇帝陵兵馬俑坑出土の戦士像

がいっそう進んだことを物語る。しかし、中国の兵馬俑などとくらべれば、埴輪は茫洋とした緊張感のなさがおかしみを醸《かも》し出しているのも、古代と弥生時代を結ぶ糸になるであろう。

律令期の祭祀は、それ以前よりもさらにいっそう中国からの影響を強めた。しかし、一つ目墨書土器を含む人面墨書土器にみるように、中国の文化なり制度をそのまま受け入れるのではなく、改変を加えているのもみのがすわけにはいかない。

節分祭に豆をぶつけられる鬼は、かつては中国由来の方相氏という邪を払う役割をもつものであった。日本で古代から中世に方相が角《つの》をもつ鬼へと転落してしまったのは、本来世のため人のためになっていたこのすさまじい形相やいでたちに対する誤解・曲解がもたらした結果であろう。鬼の悲哀はそこにある。

妖怪は神の零落した姿と柳田國男さんはとなえたが、自然に零落したのではなく、すべて人智のなせる業であった。賽《さい》の河原で閻魔《えんま》とともに死人を検分する奪衣婆《だつえば》にしても、その形相によって性格もねじまげられてしまったが、本来は子どもにやさしい咳《せき》の神であった。

柳田さんの『日本の昔話』には狸や狐の失敗談がたくさんのっている。いたずらもので人をだますがどこかにくめず、退治されたあとになんとなく哀愁をおびた余韻を残す。水木しげるさんの漫画『河童の三平』に出てくる狸もそうである。

黥面の差別も、方相氏の鬼への転落も、アヨアヨの切なさも、みな異形に寄せる人々のまなざしが生み出してきた結果である。日本の文学はその民俗の奥にひそむ哀惜に目を凝らし、因幡の白兎やごんぎつね、泣いた赤鬼といったおとなになっても忘れることのできない動物や自然への郷愁を文芸としてはぐくんできた。馬場あき子さんの古代の鬼に対するいたわりのような感情、わたしたちが日本の古典や文学のなかでとげとげした説話のなかに感じ取ることのできる悪者――実は弱者――への想いの根源は、そんなところにありはしないだろうか。

あとがき

冒頭に猪野富子さんの歌を紹介したが、猪野さんとは古くからの知り合いである。三十数年前になるが、わたしは大学院生だったころに千葉県松戸市で発掘調査の調査員をやっていて、作業員として発掘調査にたずさわっていた猪野さんとはよくいっしょの現場に立ったものである。今回、こころよく歌を掲載させていただいたことを感謝申し上げたい。松戸市立博物館をたてるときに発掘した駐車場予定地の遺跡もその一つであるが、森の木陰に段ボール箱をもちこみ机がわりにして休み時間に執筆したのが「有髯《ゆうぜん》土偶小考」であった。結婚する前の妻もその遺跡の発掘現場で働いており、いまでも思い出話として笑いのネタにしている。

振り返ってみると、顔をテーマとしたいくつかの論文のそれぞれに、当時熱を入れて取り組んでいたことが想い出とともによみがえってくる。

群馬県藤岡市教育委員会には大学院浪人時代にお世話になり、調査員をやりながら学費の足しにした。進学して藤岡市からは離れていたが、沖Ⅱ遺跡という弥生再葬墓遺跡が調査され、修士論文のテーマである東日本の弥生土器形成期の編年とのかかわりで土器の実測をさせていただいたが、この遺跡から出土した有髯土偶を藤岡市の荒巻実さんとまとめたのが森の木陰で執筆した論文であった。

その後、これを黥面《げいめん》土偶と呼び改める方針にしたがって研究に取り組んだ。土偶形容器は黥面土偶からの一連の流れのなかにあるが、弥生時代の男女像の分析もこの研究から派生した長いこと親しんできた研究テーマである。

ちょうどそのころに愛知県亀塚遺跡出土の黥面絵画土器が報告されて興味をひかれ、就職してから安城市をはじめとする愛知県域や岡山県域の資料を足しげく実測して回ったものだ。本書にも書いたが、黥面絵画の分布に奇妙な偏在性があることに気づいたのはその成果であった。三十年近くなるが、近畿地方の分布の空白がいまだ埋まらずにおり、立てた仮説を翻さずにすんでいるのは幸いなことである。

古墳時代の黥面埴輪の研究に先鞭をつけた伊藤純さんの論考は、三世紀の黥面絵画と記紀の黥面の橋渡しとして大いに参考になった。それとともにわたしの黥面の社会的な意味へのアプローチの骨子になったのが、社会構成史の吉田晶さんの学説である。黥面の私見を批判的に評価された辰巳和弘さんとともに、これらのかたがたの学恩に感謝申し上げたい。

弥生時代中期に衰退した黥面は三世紀に複雑な黥面絵画として復活するが、その意味をさぐるというあらたな研究テーマを本書の執筆過程で見出した。かねてから実測を進めている黥面埴輪も含めて、黥面にしぼった研究の集大成をいずれなしとげたい。

大学の旧友、松井和幸さんに声をかけてもらって福岡県城野遺跡の不思議な絵画と出会うことができたのも、わたしの顔の考古学研究のまたあらたな展開であった。これが中国由来の方相氏《ほうそうし》を描いたものではないかと考えたのは、すでに春成秀爾さんによって方相氏の研究が深められていたからであり、佐原真さんも注目されていた点であったからである。先達はあらまほしきなり。

このような顔にかかわるテーマの論文をいくつか書いていたからであろうか、ずいぶん前に吉川弘文館に『歴史文化ライブラリー』シリーズの執筆者ラインナップに加えていただいた。なかなか踏ん切りがつかずに四半世紀が過ぎてしまい、定年をむかえる年度に意を決して取り組み、ようやく書きあげることができた。これまで書いてきたものを集め、書き足し、首尾一貫した書物にするべく努力はしたが、たどたどしい部分や攻めきれない点も多く残ってしまった。

しかし、縄文時代から弥生時代への文化の継承という、わたしの研究のメインテーマに関連づけることができたとともに、格差社会やマイノリティーへの差別、それを引き起こしたグローバリゼーションという、その後の社会が背負った大問題の端緒を弥生時代における顔の表現から抽出して、新型コロナウィルス拡散によって明るみに出た、きわめて現代的な問題につなげることができたのはわたし自身の思わぬ収穫であった。

春成秀爾さんには草稿に目を通してもらい、種々のご教示をいただいた。三十年来のご厚情にお礼を申し上げたい。編集を担当された伊藤俊之さんと永田伸さんに感謝して結びの言葉とする。

二〇二〇年十月

設　楽　博　己

参考文献

荒巻実・設楽博己　一九八五「有髯土偶小考」『考古学雑誌』第七一巻第一号
伊藤　純　一九八四「古代日本における黥面系譜試論」『ヒストリア』第一〇四号
大林太良　一九七七『邪馬台国―入墨とポンチョと卑弥呼』(『中公新書』四六六)、中央公論社
小杉　康　二〇〇五「子生みの造形・鼻曲りの造形」明治大学文学部考古学研究室編『地域と文化の考古学』一、六一書房
小林太市郎　一九四七『漢唐古俗と明器土偶』一條書房
小林達雄編　一九八八『縄文人の道具』(『古代史復元』三)、講談社
佐原　真　二〇〇二「総論―お面の考古学」勝又洋子編『仮面―そのパワーとメッセージ』里文出版
佐原　真　二〇〇三『魏志倭人伝の考古学』(『岩波現代文庫』)、岩波書店
塩谷　修　二〇〇一「盾持人埴輪の特質とその意義」『日本考古学の基礎研究』(『茨城大学人文学部考古学研究報告』第四冊)
設楽博己　二〇一三「イレズミからみえてくる邪馬台国」奈良県立橿原考古学研究所附属博物館編『海でつながる倭と中国―邪馬台国の周辺世界』新泉社
設楽博己　二〇一四『縄文社会と弥生社会』敬文舎
設楽博己　二〇一四「日本列島における方相氏の起源をめぐって」飯島武次編『中華文明の考古学』

同成社
設楽博己　二〇一九　「アヨアヨ考―日本最古の妖怪画の考古学的解釈―」白石太一郎先生傘寿記念論文集編集委員会編『古墳と国家形成期の諸問題』山川出版社
設楽博己・石川岳彦　二〇一七　『弥生時代人物造形品の研究』同成社
高山　純　一九六九　『縄文人の入墨―古代の習俗を探る』講談社
辰巳和弘　一九九二　『埴輪と絵画の古代学』白水社
都出比呂志　一九八九　『日本農耕社会の成立過程』岩波書店
馬場あき子　一九八八　『鬼の研究』（『ちくま文庫』）、筑摩書房
春成秀爾　二〇〇七　『儀礼と習俗の考古学』塙書房
藤沼邦彦　一九九七　『縄文の土偶』（『歴史発掘』三）、講談社
松本直子　二〇〇八　「男女関係の変化とその背景」設楽博己・藤尾慎一郎・松木武彦編『儀礼と権力』（『弥生時代の考古学』七）、同成社
水野正好　一九八五　「招福・除災―その考古学―」『国立歴史民俗博物館研究報告』第七集
光本　順　二〇〇六　『身体表現の考古学』青木書店
吉岡郁夫　一九九六　『いれずみ（文身）の人類学』雄山閣出版
吉田　晶　一九九五　『卑弥呼の時代』（『新日本新書』四七六）新日本出版社

著者紹介

一九五六年、群馬県に生まれる
一九七六年、静岡大学人文学部卒業
一九八六年、筑波大学大学院歴史人類学研究科博士課程単位取得退学
国立歴史民俗博物館考古研究部助手・助教授、駒澤大学文学部助教授・教授を経て、
現在、東京大学大学院人文社会系研究科教授、博士（文学）

〔主要著書〕
『弥生再葬墓と社会』（塙書房、二〇〇八年）
『縄文社会と弥生社会』（敬文舎、二〇一四年）
『弥生文化形成論』（塙書房、二〇一七年）

歴史文化ライブラリー
514

顔の考古学
異形の精神史

二〇二一年（令和三）一月一日 第一刷発行

著者 設《した》楽《ら》博《ひろ》己《み》

発行者 吉川道郎

発行所 株式会社 吉川弘文館
東京都文京区本郷七丁目二番八号
郵便番号一一三―〇〇三三
電話〇三―三八一三―九一五一〈代表〉
振替口座〇〇一〇〇―五―二四四
http://www.yoshikawa-k.co.jp/

印刷＝株式会社 平文社
製本＝ナショナル製本協同組合
装幀＝清水良洋・宮崎萌美

ISBN978-4-642-05914-5

歴史文化ライブラリー

1996. 10

刊行のことば

現今の日本および国際社会は、さまざまな面で大変動の時代を迎えておりますが、近づきつつある二十一世紀は人類史の到達点として、物質的な繁栄のみならず文化や自然・社会環境を謳歌できる平和な社会でなければなりません。しかしながら高度成長・技術革新にともなう急激な変貌は「自己本位な刹那主義」の風潮を生みだし、先人が築いてきた歴史や文化に学ぶ余裕もなく、いまだ明るい人類の将来が展望できていないようにも見えます。このような状況を踏まえ、よりよい二十一世紀社会を築くために、人類誕生から現在に至る「人類の遺産・教訓」としてのあらゆる分野の歴史と文化を「歴史文化ライブラリー」として刊行することといたしました。

小社は、安政四年（一八五七）の創業以来、一貫して歴史学を中心とした専門出版社として書籍を刊行しつづけてまいりました。その経験を生かし、学問成果にもとづいた本叢書を刊行し社会的要請に応えて行きたいと考えております。

現代は、マスメディアが発達した高度情報化社会といわれますが、私どもはあくまでも活字を主体とした出版こそ、ものの本質を考える基礎と信じ、本叢書をとおして社会に訴えてまいりたいと思います。これから生まれでる一冊一冊が、それぞれの読者を知的冒険の旅へと誘い、希望に満ちた人類の未来を構築する糧となれば幸いです。

吉川弘文館

歴史文化ライブラリー

考古学

タネをまく縄文人 最新科学が覆す農耕の起源――小畑弘己
老人と子供の考古学――山田康弘
顔の考古学 異形の精神史――設楽博己
〈新〉弥生時代 五〇〇年早かった水田稲作――藤尾慎一郎
文明に抗した弥生の人びと――寺前直人
樹木と暮らす古代人 木製品が語る弥生・古墳時代――樋上 昇
古 墳――土生田純之
東国から読み解く古墳時代――若狭 徹
埋葬からみた古墳時代 女性・親族・王権――清家 章
神と死者の考古学 古代のまつりと信仰――笹生 衛
土木技術の古代史――青木 敬
国分寺の誕生 古代日本の国家プロジェクト――須田 勉
海底に眠る蒙古襲来 水中考古学の挑戦――池田榮史
銭の考古学――鈴木公雄
ものがたる近世琉球 喫煙・園芸・豚飼育の考古学――石井龍太

古代史

邪馬台国の滅亡 大和王権の征服戦争――若井敏明
日本語の誕生 古代の文字と表記――沖森卓也
日本国号の歴史――小林敏男
日本神話を語ろう イザナキ・イザナミの物語――中村修也
六国史以前 日本書紀への道のり――関根 淳
東アジアの日本書紀 歴史書の誕生――遠藤慶太
〈聖徳太子〉の誕生――大山誠一
倭国と渡来人 交錯する「内」と「外」――田中史生
大和の豪族と渡来人 葛城・蘇我氏と大伴・物部氏――加藤謙吉
白村江の真実 新羅王・金春秋の策略――中村修也
よみがえる古代山城 国際戦争と防衛ライン――向井一雄
よみがえる古代の港 古地形を復元する――石村 智
古代豪族と武士の誕生――森 公章
飛鳥の宮と藤原京 よみがえる古代王宮――林部 均
出雲国誕生――大橋泰夫
古代出雲――前田晴人
古代の皇位継承 天武系皇統は実在したか――遠山美都男
古代天皇家の婚姻戦略――荒木敏夫
壬申の乱を読み解く――早川万年
戸籍が語る古代の家族――今津勝紀
地方官人たちの古代史 律令国家を支えた人びと――中村順昭

歴史文化ライブラリー

三浦一族の中世——高橋秀樹
伊達一族の中世「独眼龍」以前——伊藤喜良
弓矢と刀剣 中世合戦の実像——近藤好和
その後の東国武士団 源平合戦以後——関　幸彦
荒ぶるスサノヲ、七変化〈中世神話〉の世界——斎藤英喜
曽我物語の史実と虚構——坂井孝一
鎌倉浄土教の先駆者 法然——中井真孝
親　鸞——平松令三
親鸞と歎異抄——今井雅晴
畜生・餓鬼・地獄の中世仏教史 因果応報と悪道——生駒哲郎
神や仏に出会う時 中世びとの信仰と絆——大喜直彦
神仏と中世人 宗教をめぐるホンネとタテマエ——衣川　仁
神風の武士像 蒙古合戦の真実——関　幸彦
鎌倉幕府の滅亡——細川重男
足利尊氏と直義 京の夢、鎌倉の夢——峰岸純夫
高　師直 室町新秩序の創造者——亀田俊和
新田一族の中世「武家の棟梁」への道——田中大喜
皇位継承の中世史 血統をめぐる政治と内乱——佐伯智広
地獄を二度も見た天皇 光厳院——飯倉晴武

東国の南北朝動乱 北畠親房と国人——伊藤喜良
南朝の真実 忠臣という幻想——亀田俊和
中世の巨大地震——矢田俊文
大飢饉、室町社会を襲う！——清水克行
贈答と宴会の中世——盛本昌広
中世の富と権力 寄進する人びと——湯浅治久
出雲の中世 地域と国家のはざま——佐伯徳哉
中世武士の城——齋藤慎一
戦国の城の一生 つくる・壊す・蘇る——竹井英文
武田信玄——平山　優
徳川家康と武田氏 信玄・勝頼との十四年戦争——本多隆成
戦国大名毛利家の英才教育 元就・隆元・輝元と妻たち——五條小枝子
戦国大名の兵粮事情——久保健一郎
戦乱の中の情報伝達 使者がつなぐ中世京都と在地——酒井紀美
戦国時代の足利将軍——山田康弘
室町将軍の御台所 日野康子・重子・富子——田端泰子
名前と権力の中世史 室町将軍の朝廷戦略——水野智之
戦国貴族の生き残り戦略——岡野友彦
鉄砲と戦国合戦——宇田川武久

歴史文化ライブラリー

検証　長篠合戦―平山　優
織田信長と戦国の村　天下統一のための近江支配―深谷幸治
検証　本能寺の変―谷口克広
明智光秀の生涯―諏訪勝則
加藤清正　朝鮮侵略の実像―北島万次
落日の豊臣政権　秀吉の憂鬱、不穏な京都―河内将芳
豊臣秀頼―福田千鶴
ザビエルの同伴者　アンジロー　戦国時代の国際人―岸野　久
イエズス会がみた「日本国王」　天皇・将軍・信長・秀吉―松本和也
海賊たちの中世―金谷匡人
アジアのなかの戦国大名　西国の群雄と経営戦略―鹿毛敏夫
琉球王国と戦国大名　島津侵入までの半世紀―黒嶋　敏
天下統一とシルバーラッシュ　銀と戦国の流通革命―本多博之

近世史

細川忠利　ポスト戦国世代の国づくり―稲葉継陽
江戸の政権交代と武家屋敷―岩本　馨
江戸の町奉行―南　和男
江戸御留守居役　近世の外交官―笠谷和比古
大名行列を解剖する　江戸の人材派遣―根岸茂夫
江戸大名の本家と分家―野口朋隆
〈甲賀忍者〉の実像―藤田和敏
江戸の武家名鑑　武鑑と出版競争―藤實久美子
江戸の出版統制　弾圧に翻弄された戯作者たち―佐藤至子
武士という身分　城下町萩の大名家臣団―森下　徹
旗本・御家人の就職事情―山本英貴
武士の奉公　本音と建前　江戸時代の出世と処世術―高野信治
宮中のシェフ、鶴をさばく　江戸時代の朝廷と庖丁道―西村慎太郎
馬と人の江戸時代―兼平賢治
犬と鷹の江戸時代　〈犬公方〉綱吉と〈鷹将軍〉吉宗―根崎光男
紀州藩主　徳川吉宗　明君伝説・宝永地震・隠密御用―藤本清二郎
近世の巨大地震―矢田俊文
江戸時代の孝行者　「孝義録」の世界―菅野則子
死者のはたらきと江戸時代　遺訓・家訓・辞世―深谷克己
近世の百姓世界―白川部達夫
闘いを記憶する百姓たち　江戸時代の裁判学習帳―八鍬友広
江戸のパスポート　旅の不安はどう解消されたか―柴田　純
〈身売り〉の日本史　人身売買から年季奉公へ―下重　清
江戸の捨て子たち　その肖像―沢山美果子

歴史文化ライブラリー

江戸の乳と子ども いのちをつなぐ——沢山美果子
エトロフ島 つくられた国境——菊池勇夫
江戸時代の医師修業 学問・学統・遊学——海原 亮
江戸幕府の日本地図 国絵図・城絵図・日本図——川村博忠
江戸の地図屋さん 販売競争の舞台裏——俵 元昭
踏絵を踏んだキリシタン——安高啓明
墓石が語る江戸時代 大名・庶民の墓事情——関根達人
石に刻まれた江戸時代 無縁・遊女・北前船——関根達人
近世の仏教 華ひらく思想と文化——末木文美士
松陰の本棚 幕末志士たちの読書ネットワーク——桐原健真
龍馬暗殺——桐野作人
日本の開国と多摩 生糸・農兵・武州一揆——藤田 覚
幕末の世直し 万人の戦争状態——須田 努
幕末の海軍 明治維新への航跡——神谷大介
海辺を行き交うお触れ書き 浦触の語る徳川情報網——水本邦彦
江戸の海外情報ネットワーク——岩下哲典

近・現代史

江戸無血開城 本当の功労者は誰か？——岩下哲典
五稜郭の戦い 蝦夷地の終焉——菊池勇夫
水戸学と明治維新——吉田俊純
大久保利通と明治維新——佐々木 克
刀の明治維新 「帯刀」は武士の特権か？——尾脇秀和
維新政府の密偵たち 御庭番と警察のあいだ——大日方純夫
京都に残った公家たち 華族の近代——刑部芳則
文明開化 失われた風俗——百瀬 響
西南戦争 戦争の大義と動員される民衆——猪飼隆明
大久保利通と東アジア 国家構想と外交戦略——勝田政治
明治の政治家と信仰 クリスチャン民権家の肖像——小川原正道
文明開化と差別——今西 一
大元帥と皇族軍人 明治編——小田部雄次
皇居の近現代史 開かれた皇室像の誕生——河西秀哉
明治神宮の出現——山口輝臣
神都物語 伊勢神宮の近現代史——ジョン・ブリーン
陸軍参謀 川上操六 日清戦争の作戦指導者——大澤博明
日清・日露戦争と写真報道 戦場を駆ける写真師たち——井上祐子
公園の誕生——小野良平
啄木短歌に時代を読む——近藤典彦
鉄道忌避伝説の謎 汽車が来た町、来なかった町——青木栄一

歴史文化ライブラリー

軍隊を誘致せよ 陸海軍と都市形成——松下孝昭
お米と食の近代史——大豆生田 稔
日本酒の近現代史 酒造地の誕生——鈴木芳行
失業と救済の近代史——加瀬和俊
近代日本の就職難物語 「高等遊民」になるけれど——町田祐一
選挙違反の歴史 ウラからみた日本の一〇〇年——季武嘉也
海外観光旅行の誕生——有山輝雄
関東大震災と戒厳令——松尾章一
難民たちの日中戦争 戦火に奪われた日常——芳井研一
昭和天皇とスポーツ 〈玉体〉の近代史——坂上康博
大元帥と皇族軍人 大正・昭和編——小田部雄次
昭和陸軍と政治 「統帥権」というジレンマ——高杉洋平
海軍将校たちの太平洋戦争——手嶋泰伸
松岡洋右と日米開戦 大衆政治家の功と罪——服部 聡
地図から消えた島々 幻の日本領と南洋探検家たち——長谷川亮一
自由主義は戦争を止められるのか 芦田均・清沢洌・石橋湛山——上田美和
モダン・ライフと戦争 スクリーンのなかの女性たち——宜野座菜央見
彫刻と戦争の近代——平瀬礼太
軍用機の誕生 日本軍の航空戦略と技術開発——水沢 光
首都防空網と〈空都〉多摩——鈴木芳行
帝都防衛 戦争・災害・テロ——土田宏成
陸軍登戸研究所と謀略戦 科学者たちの戦争——渡辺賢二
帝国日本の技術者たち——沢井 実
〈いのち〉をめぐる近代史 堕胎から人工妊娠中絶へ——岩田重則
強制された健康 日本ファシズム下の生命と身体——藤野 豊
戦争とハンセン病——藤野 豊
「自由の国」の報道統制 大戦下の日系ジャーナリズム——水野剛也
海外戦没者の戦後史 遺骨帰還と慰霊——浜井和史
学徒出陣 戦争と青春——蜷川壽惠
特攻隊の〈故郷〉 霞ヶ浦・筑波山・北浦・鹿島灘——伊藤純郎
沖縄戦 強制された「集団自決」——林 博史
陸軍中野学校と沖縄戦 知られざる少年兵「護郷隊」——川満 彰
沖縄からの本土爆撃 米軍出撃基地の誕生——林 博史
原爆ドーム 物産陳列館から広島平和記念碑へ——頴原澄子
米軍基地の歴史 世界ネットワークの形成と展開——林 博史
沖縄米軍基地全史——野添文彬
沖縄 占領下を生き抜く 軍用地・通貨・毒ガス——川平成雄
考証 東京裁判 戦争と戦後を読み解く——宇田川幸大

歴史文化ライブラリー

- 昭和天皇退位論のゆくえ——冨永　望
- ふたつの憲法と日本人 戦前・戦後の憲法観——川口暁弘
- 戦後文学のみた〈高度成長〉——伊藤正直
- 首都改造 東京の再開発と都市政治——源川真希
- 鯨を生きる 鯨人の個人史・鯨食の同時代史——赤嶺　淳
- 文化財報道と新聞記者——中村俊介

文化史・誌

- 落書きに歴史をよむ——三上喜孝
- 霊場の思想——佐藤弘夫
- 跋扈《ばっこ》する怨霊 祟りと鎮魂の日本史——山田雄司
- 将門伝説の歴史——樋口州男
- 藤原鎌足、時空をかける 変身と再生の日本史——黒田　智
- 変貌する清盛『平家物語』を書きかえる——樋口大祐
- 空海の文字とことば——岸田知子
- 日本禅宗の伝説と歴史——中尾良信
- 殺生と往生のあいだ 中世仏教と民衆生活——苅米一志
- 浦島太郎の日本史——三舟隆之
- 〈ものまね〉の歴史 仏教・笑い・芸能——石井公成
- 戒名のはなし——藤井正雄
- 墓と葬送のゆくえ——森　謙二
- 運　慶 その人と芸術——副島弘道
- ほとけを造った人びと 止利仏師から運慶・快慶まで——根立研介
- 祇園祭 祝祭の京都——川嶋將生
- 洛中洛外図屏風 つくられた〈京都〉を読み解く——小島道裕
- 化粧の日本史 美意識の移りかわり——山村博美
- 乱舞の中世 白拍子・乱拍子・猿楽——沖本幸子
- 神社の本殿 建築にみる神の空間——三浦正幸
- 古建築を復元する 過去と現在の架け橋——海野　聡
- 大工道具の文明史 日本・中国・ヨーロッパの建築技術——渡邉　晶
- 苗字と名前の歴史——坂田　聡
- 日本人の姓・苗字・名前 人名に刻まれた歴史——大藤　修
- 大相撲行司の世界——根間弘海
- 日本料理の歴史——熊倉功夫
- 日本の味　醤油の歴史——林　玲子・天野雅敏編
- 中世の喫茶文化 儀礼の茶から「茶の湯」へ——橋本素子
- 香道の文化史——本間洋子
- 天皇の音楽史 古代・中世の帝王学——豊永聡美
- 流行歌の誕生「カチューシャの唄」とその時代——永嶺重敏

歴史文化ライブラリー

話し言葉の日本史―野村剛史
柳宗悦と民藝の現在―松井　健
遊牧という文化 移動の生活戦略―松井　健
マザーグースと日本人―鷲津名都江
たたら製鉄の歴史―角田徳幸
金属が語る日本史 銭貨・日本刀・鉄炮―齋藤　努
書物と権力 中世文化の政治学―前田雅之
書物に魅せられた英国人 フランク・ホーレーと日本文化―横山　學
災害復興の日本史―安田政彦

民俗学・人類学

日本人の誕生 人類はるかなる旅―埴原和郎
倭人への道 人骨の謎を追って―中橋孝博
神々の原像 祭祀の小宇宙―新谷尚紀
役行者と修験道の歴史―宮家　準
幽霊 近世都市が生み出した化物―高岡弘幸
雑穀を旅する―増田昭子
川は誰のものか 人と環境の民俗学―菅　豊
名づけの民俗学 地名・人名はどう命名されてきたか―田中宣一
番と衆 日本社会の東と西―福田アジオ
記憶すること・記録すること 聞き書き論ノート―香月洋一郎
番茶と日本人―中村羊一郎
柳田国男 その生涯と思想―川田　稔

世界史

中国古代の貨幣 お金をめぐる人びとと暮らし―柿沼陽平
渤海国とは何か―古畑　徹
古代の琉球弧と東アジア―山里純一
アジアのなかの琉球王国―高良倉吉
琉球国の滅亡とハワイ移民―鳥越皓之
フランスの中世社会 王と貴族たちの軌跡―渡辺節夫
ヒトラーのニュルンベルク 第三帝国の光と闇―芝　健介
人権の思想史―浜林正夫

各冊一七〇〇円～二〇〇〇円（いずれも税別）
▽残部僅少の書目も掲載してあります。品切の節はご容赦下さい。
▽品切書目の一部について、オンデマンド版の販売も開始しました。
詳しくは出版図書目録、または小社ホームページをご覧下さい。